Reiten auf Gangpferden

Ratgeber für Reiter

Herausgegeben von Ludger Beerbaum

Hildegard Jung

Reiten auf Gangpferden

Isländer, Pasos,
Saddlebred Horses
und andere
Freizeitpferde

FALKEN

INHALT

EINLEITUNG

Freizeitreiter wünschen sich ein Traumpferd für draußen. Es muß weder 2,20 m springen noch eine S-Dressur gehen. Dafür soll es allerdings weder bellende Hunde noch hupende Autos scheuen, trittsicher über Stock und Asphalt gehen, dabei angenehm zu sitzen und möglichst auch noch robust zu halten sein.

Das moderne edle deutsche Reitpferd eignet sich für den turnieruninteressierten Spazierreiter nicht in allen Punkten gleich gut. Deshalb suchen Freizeitreiter meist bodenständigere Rassen, wobei es weltweit tatsächlich auch eine ganze Reihe ursprünglicher Pferde gibt, die freundlich, robust und geländesicher sind. Diese ihrem äußeren Erscheinungsbild nach recht unterschiedlichen Arbeitspferde sind in erster Linie auf menschenfreundlichen Charakter und einfaches Handling gezüchtet. Ihre Haltung ist vollkommen unkompliziert. Kein Bauer oder Cowboy käme auf die Idee, sein Pferd auf- und abzudecken, es bei der ersten dunklen Wolke hereinzuholen und beim nächsten Sonnenstrahl wieder hinauszuführen.

Stellt man darüber hinaus noch den Anspruch, daß man auf seinem Pferd besonders bequem sitzen möchte, dann kommen eigentlich nur die sogenannten Gangpferde in Frage. Wußten doch bereits die Engländer des 17. Jahrhunderts: „A trotting horse is fit only for servants to ride, or to pack fright" – ein trabendes Pferd können nur Diener reiten, oder es kann Lasten tragen.

Ausgelassene Galoppaden über Stock und Stein zeugen von echter Bewegungslust

Die Zelter und Paßgänger des Mittelalters waren denn auch einst die teuersten Pferde, konnte man doch auf ihnen weite Strecken hinter sich bringen, ohne daß einem sämtliche Knochen durchgeschüttelt wurden. Mit zunehmendem Straßenbau übernahmen zunächst Pferd und Wagen, später Eisenbahn und Automobil den Transport. Die bequemen Schaukelpferde gerieten in Vergessenheit, und ihre typische Gangart, den Tölt, hatte man regelrecht weggezüchtet, so wie man auch die Scheck-Farbe verdrängte, als sie aus der Mode gekommen war. Heute entdeckt man den Tölt wieder, das moderne Arbeitspferd verdient sich seinen Unterhalt schließlich in der Freizeit. Und dafür eignen sich diese Tölter einfach wunderbar. Sie ersparen dem Anfänger die beständige Angst, die ihm das Werfen des Trabes einflößt. Der Tölt schont außerdem die Wirbelsäule, so daß auch Bandscheibengeschädigte nicht von vornherein auf das Reiten verzichten müssen.

Doch selbst Pferdefreunden fällt beim Stichwort Tölt nur der Isländer ein. Dabei kann man mittlerweile auch nord- und südamerikanische Gangpferde, töltende Ex-Traber und als jüngsten Rassevertreter den Aegidienberger auf Pferdemessen und Spezialgestüten sehen. So kann jeder seinen individuellen Tölter finden, vom ursprünglichen Isländer, über den Eingänger Peruanischer Paso bis zum vollblütigen American Saddlebred Horse.

In den folgenden Kapiteln werden Sie vieles über Charaktere, Typ und Ausbildung dieser freundlichen Pferde erfahren. Doch bevor Sie daran denken, sich vielleicht ein eigenes Pferd zu halten, sollten Sie kritisch mit sich zu Rate gehen. Für die psychische und physische Gesundheit sind Züchter und Halter gleichermaßen verantwortlich. Wer seinem Pferd keinen Offenstall, keinen Herdenanschluß und keine Koppel bieten kann, sollte sich sehr genau überlegen, ob er wirklich ein eigenes Pferd haben möchte. An dieser Stelle möchte ich nicht versäumen, all denen zu danken, die zum Gelingen dieses Buches beigetragen haben. Meinen herzlichen Dank allen Gangpferdefreunden, die mir bei diesem Pionier-Werk geholfen haben – ganz besonders Familie Feldmann, Bruni Hettich, Familie Jäckle, Andrea Jänisch, Christina Kramer, Suyin Oldenburg, Dr. Kai Otte und Barbara Weber. Nur durch ihr Engagement, ihre Privatbibliotheken und ihre Pferde konnte ein Buch entstehen, das zum erstenmal alle derzeit in Europa lebenden Gangpferde porträtiert und vorstellt.

(Prominente Reiter und Pferde sind zum Teil in den Bildunterschriften genannt, weitere Hinweise hierzu finden sich auch auf der Seite 125).

Außerdem möchte ich Alexander Schuhmacher für die stets motivierende Zusammenarbeit danken.

Meiner Lektorin Monika Zilliken bin ich für ihr Verständnis, ihre Geduld und die sprachliche Durchsicht des Manuskripts sehr verbunden.

Die jüngsten der Jüngsten. Aegidienbergerfohlen üben das „Fellkraulen"

DIE VIER GRUNDGANGARTEN

E Es gibt 4 Grundgangarten, die fast alle Pferde von Natur aus zeigen: Schritt, Trab, Paß und Galopp. Es sei denn, man hat die eine oder andere Gangart weggezüchtet, das Gangvermögen wird nämlich größtenteils vererbt. Daneben spielen aber auch Körperbau und Training eine Rolle.

Manche Pferde gehen deshalb kaum oder keinen Trab, Paß oder Galopp. Alle anderen Gangarten wie der Tölt, Rack oder Walk gelten als Variationen einer der oben genannten Grundgangarten. Diese Vorstellung stimmt sicher nicht ganz, doch man weiß einfach zu wenig über die Vererbung der Gänge. Die Paßveranlagung läßt sich am leichtesten weg- oder hinzüchten, daher sitzt die Erbinformation vermutlich auf nur einem oder nur sehr wenigen Genen. Die Anlage für Tölt dürfte teilweise mit der Paßanlage übereinstimmen oder zumindest auf den gleichen Chromosomen (Träger des Erbgutes) liegen. Denn man weiß, wer auf Tölt züchtet, selektiert (auslesen, auswählen) gleichzeitig auf Paß, und umgekehrt.

Doch um die Variationen erkennen zu können, muß man die Grundschemata von Schritt, Trab, Galopp sowie vom Paß im Kopf haben. Der Galopp unterscheidet sich von den anderen Grundgangarten dadurch, daß er nicht symmetrisch ist. Es gibt daher einen Links- und einen Rechtsgalopp.

DIE VIER GRUNDGANGARTEN

Schrittfolge Schritt

Dreibeinstütze

laterale Zweibeinstütze

Dreibeinstütze

diagonale Zweibeinstütze

Im Schritt geht das Pferd gleichmäßig im Viertakt, ein Schrittablauf setzt sich aus 8 Phasen zusammen, dann beginnt er wieder von vorne. Dabei verliert das Pferd zu keinem Augenblick den Kontakt zum Boden. Der Schritt ist die einzige Gangart, bei dem die Hufe länger auf dem Boden als in der Luft sind. Deshalb hat der Schritt auch keinen Schwung.

Die Hufe fußen in der Reihenfolge hinten links, vorne links, hinten rechts und vorne rechts auf. Je nach-

Schrittfolge Trab

diagonale Zweibeinstütze

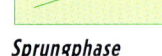
Sprungphase

diagonale Zweibeinstütze

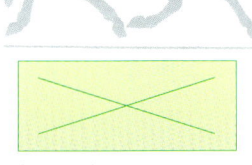
Sprungphase

Der Trab ist ein Zweitakt in 4 Phasen. Das Pferd springt von dem einen diagonalen Beinpaar auf das andere, von einer Zweibeinstütze in die andere. Dazwischen schwebt es, beim Wiederauffußen stößt die Bewegung den Reiter aus dem Sattel, man nennt das Werfen. Da beide Hufe des Diagonalpaares gleichzeitig landen, hört man dies als einen Schritt, der Trab ist deshalb ein Zweitakt. Seine 4 Phasen sind hinten links und vorne rechts, Sprung, hinten rechts und vorne links, Sprung.

Dreibeinstütze

laterale Zweibeinstütze

Dreibeinstütze

diagonale Zweibeinstütze

dem, wie viele Beine gleichzeitig am Boden stehen, spricht man von einer Einbein-, Zweibein- oder Dreibeinstütze.

In der Phasenfolge wechseln sich immer Dreibein- und Zweibeinstützen ab. Die Zweibeinstützen wechseln ab zwischen lateraler und diagonaler Stütze, bei den Dreibeinstützen unterscheidet man vorne und hinten, links und rechts.

Schrittfolge Paß

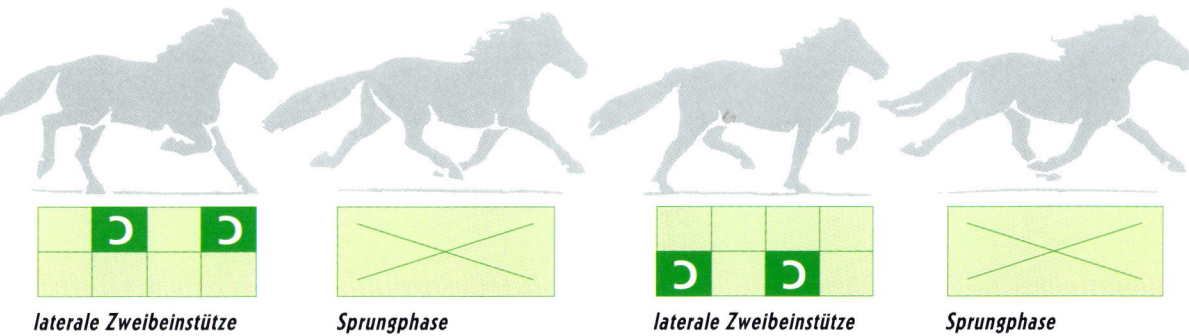

laterale Zweibeinstütze *Sprungphase* *laterale Zweibeinstütze* *Sprungphase*

Der Paß ist wie der Trab ein Zweitakt mit 4 Phasen, jedoch springt das Pferd von dem einen lateralen Beinpaar auf das andere. Das verleiht diesem Gang die typische schaukelnde Bewegung. Zum Reiten ist der Paß oft bequemer, für das Gehen im Geschirr eignet sich hingegen der Trab besser. Die Fußfolge lautet, hinten links und vorne links, Sprung, hinten rechts und vorne rechts, Sprung.

Wenn man genau hinsieht, läuft der Paß auch nicht exakt synchron ab: Der Hinterhuf fußt jeweils eine Idee vor dem Vorderhuf auf, so daß dadurch eigentlich ein Viertakt mit 8 Phasen entsteht.

Schrittfolge Galopp

(Rechtsgalopp)

Einbeinstütze hinten links   **Dreibeinstütze**   **diagonale Zweibeinstütze**

Der Galopp ist ein Dreitakt mit 6 Phasen. Es folgen hintereinander Einbein-, Dreibein-, diagonale Zweibein-, Dreibein- und wieder eine Einbeinstütze. Daran schließt sich der Sprung an. Man unterscheidet zwischen Links- und Rechtsgalopp, je nachdem, ob die linke oder die rechte Vorhand am Ende eines Bewegungsablaufes zuletzt auffußt.

Das Grundtempo ist der Arbeitsgalopp, mehr Schwung und Versammlung zeigen mittlerer und starker Galopp, am schnellsten ist der Renngalopp.

Deutlich erkennbar, die Rechtsgalopp-Einbeinstütze hinten links, vergleiche Diagramm

Dreibeinstütze

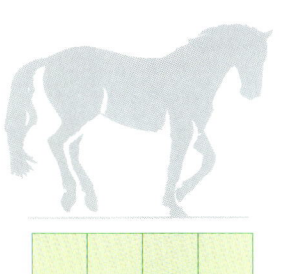

Einbeinstütze vorne rechts

Sprungphase

Der Galopp ist die schnellste Gangart des Pferdes. Hier ein Beispiel des Linksgalopps

DER TÖLT

Das Wort *Tölt* geht auf spa-
nisch-lateinischen Ursprung zurück: Der römische Ge-
schichtsschreiber Plinius der Ältere (23 bis 79 v. Chr.)
berichtet: In Asturien (dem heutigen Oviedo in Nordspa-
nien) gäbe es eine Pferderasse, deren Schritt eine weiche
Gangart sei, bei der gleichzeitig beide Füße einer Seite
gehoben und niedergesetzt würden. – Also nichts ande-
res als der Paß. – Diese Pferde hätten den einheimischen
Namen *thieldones*. Man findet in der damaligen Literatur
auch die Schreibweisen *tieldones* und *celdones*.

Über Lautverschiebung entstand der mittelhoch-
deutsche Ausdruck *Zelt*. Er benennt ebenfalls den „pas-
gang des pferdes, wobei gleichzeitig beide rechte und danach beide linke füsze gehoben werden" (Deutsches
Wörterbuch der Gebrüder Grimm). Aus dem mittel-
hochdeutschen *Zelt* entsteht das mittelneudeutsche *Telt*.
Zu der gleichen Wortfamilie gehört das norddeutsche
Verb *tult*, was trippeln bedeutet. Abbildungen aus dem
Mittelalter belegen, daß die Pferde, die man *Zelter* nannte,
nicht nur Paß, sondern auch Tölt gingen. Galten die
Paßgänger für besonders geeignet, um Damen und Geist-
liche zu tragen, schätzten den Tölter auch Ritter. So man-
cher zog es vor, bequem auf einem Zelter zum Kriegs-
schauplatz zu reiten, um erst vor Ort auf sein galop-
pierendes Schlachtroß umzusteigen. Das Wort Zelter hat
damit über die Jahrhunderte eine Begriffserweiterung erfahren.

Heute sind sich die Töltfreunde nicht so ganz einig, was nun Tölt ist und was nicht.

Unumstritten ist Tölt die Bezeichnung für einen Lateralgang der Isländer, wie es dort beschrieben wird. Man kann aber auch alle Gangpferde mit dem Sammelbegriff Tölter zusammenfassen. Das ist in den Augen der *Gangpferdeleute* nicht ganz korrekt, da fast alle Rassen ihre eigenen Paß- bzw. Töltvarianten gehen.

Vollkommen unsinnig aber ist der Name Gangpferd: Ein Nicht-Gangpferd müßte zeitlebens auf der Stelle stehenbleiben. Doch ausnahmslos jedes Pferd bewegt sich und wählt dazu eine Gangart. Das heute klassische Schritt-Trab-Galopp-Pferd ist folglich ein Dreigangpferd.

Trotzdem, dieser Name hat sich so eingebürgert, daß auch wir daher im folgenden alle Pferde, die eine

Schon im Mittelalter schätzte man die Bequemlichkeit der „paszgänger"

von Schritt, Trab oder Galopp abweichende, bequeme Gangart gehen, der Einfachheit halber als Tölter oder Gangpferde bezeichnen.

Dieses Buch entstand, um die Gemeinsamkeit dieser Rassen, ihre besondere Gangveranlagung, zu zeigen. Die feinen Unterschiede werden bei den jeweiligen Rassen beschrieben.

Den Gangpferden fehlen in Mitteleuropa gut 200 Jahre Tradition. Sie sind so sehr in Vergessenheit geraten, daß heute noch töltgehende Pferde wegen chronischer Lahmheit zum Schlachter kommen. Während man Schritt, Trab und Galopp – der Paß wird meist vergessen – als Naturgänge akzeptiert, suchen europäische Pferdefreunde für Tölt und seine Variationen nach mehr oder weniger komplizierten Entstehungsmodellen. Dabei tragen weltweit über 70 % aller Pferde die Töltanlage, und Interessierte entdecken immer neue, alte Gangrassen wie das Marwari-Pferd in Indien, Ponies in Griechenland oder der Karabach in Rußland.

Man sieht den Tölt als Variante des Passes an. Diese Vorstellung entspringt der Praxis, denn wer Paßpferde züchtet, erhält immer auch Tölter und umgekehrt. Man vermutet daher – nachgewiesen hat es noch keiner –, daß Tölt und Paß entweder zusammen vererbt werden, also eine weitgehend identische Erbanlage besitzen, oder die Erbinformationen auf dem betreffenden Chromosom ganz dicht beieinander liegen. Da die Paßanlage weniger Gene umfaßt, ist die Selektion auf Paß und Tölt leichter als die auf Trab.

Aufgrund der gemeinsamen Vererbung der Paß- und Töltanlagen ist folglich eine Zucht auf Paßtölt wie beim Paso Peruano sehr sinnvoll (Seite 46). Die Zucht auf Paß und Trabtölt hingegen – wie bei vielen anderen Gangrassen – ist immer ein

Kompromiß, da die Trabanlage auf Kosten der Paßanlage geht. Man kann sich das mit Hilfe eines amerikanischen Gangvererbungsmodells so vorstellen: Jedes Pferd hat 2 von 5 möglichen Ganggenen. 2 Paß-Gene, 2 Trab-Gene und 1 sogenanntes Brech- oder Tölt-Gen. Pferde mit einem Paß- und dem Brech-Gen tölten daher besonders gut.

Um dieses Erklärungsmuster der Tölt-Entstehung wurden eigens Fachbegriffe geschaffen: Die Sprungphase des Paß wird *weggeritten* oder das Pferd *bricht* den Paß. Statt von der linken lateralen Zweibeinstütze des Passes auf die rechte zu springen, setzt das Pferd das Hinterbein einer Seite kurz vor dem dazugehörigen Vorderbein auf. – Statt beide rechts setzt es erst hinten rechts, dann vorne rechts auf. Weiter geht es mit hinten links, vorne links

und dann das Ganze von Neuem. Das klingt etwas kompliziert, einfacher ist es, in Gedanken die Pferdebeine zu begleiten und vom Schritt auszugehen; denn man töltet Pferde in der Regel auch aus dem Schritt an (vgl. Seite 22). Die Fußfolgen von Schritt und Tölt entsprechen sich, nur das Tempo nimmt im Tölt zu. Dabei können – müssen aber nicht – aus den Dreibeinstützen im Schritt statt dessen im Tempo Einbeinstützen entstehen. Besser verwendet man in diesem Zusammenhang den Begriff *Dreibeinfußung*, da es in der Gangpferdeszene immer wieder zu Mißverständnissen führt, wenn der eine von Fußung, der andere von Stütze spricht: *Dreibeinfußung* bedeutet, die entsprechenden 3 Beine berühren zwar den Boden, aber nicht alle werden mit Gewicht belastet, wie das bei einer *Dreibeinstütze* der Fall ist.

Die zotteligen Isländer sind die wohl bekanntesten Tölter

Sprungphase

diagonale Zweibeinstütze

Für den Anfänger ist es leichter, den Tölt zu hören, als ihn zu erkennen. Auch Profis nutzen diesen Umstand bei der Pferdebeurteilung: Man läßt die Pferde über eine Holzplanke laufen und hört, ob sie taktrein tölten.

Längst nicht alle Pferde zeigen den typischen Tölt. Je nach Veranlagung, Ausbildung und der momentanen Gemütsverfassung, kann sich ihr Tölt in Richtung Paß oder Trab verschieben. Die Schrittfolge bleibt gleich, doch der Rhythmus ändert sich. Beim Paßtölt dauert die laterale Zweibeinstütze länger als die anderen Phasen, beim Trabtölt die diagonale Zweibeinstütze.

Manche Pferde gehen noch trabiger oder noch passiger, sie überlaufen die laterale bzw. diagonale Zweibeinstütze. Daher versucht man mittlerweile, mit Hilfe von Videoaufnahmen die verschiedenen Fußungsfolgen zu identifizieren. Doch so eindeutig, wie man erhofft, sind die Ergebnisse leider nicht.

Die Diagramme in den einzelnen Kapiteln stellen das Typische einer Rasse heraus. Dabei sind die Schritt-

diagramme fast immer identisch – Viertakt in 8 Phasen – obwohl die dazugehörigen Pferde sich ganz unterschiedlich bewegen. Denn neben der Fußfolge bestimmen noch andere Faktoren den rassetypischen Gang, ob ein Pferd große oder kleine Schritte macht, wie hoch es die Beine hebt und wie schnell es sie setzt. Und schließlich sind Pferde eben auch Individualisten. – Der Mensch geht einen Zweitakt in 2 Phasen: Einbeinstütze hinten rechts wechselt mit Einbeinstütze hinten links. Trotzdem bewegen sich die einzelnen Menschen so unterschiedlich, daß man vertraute Personen aus großer Entfernung schon am Gang erkennen kann. Und so denn auch die Pferde.

Sprungphase

Vom Traber zum Tölter: ein Ex-Traber beim Ein- tölten, zu erkennen an der hohen Kopfhaltung

HILFEN ZUM TÖLT

Einen Töltanfänger setzt man auf ein Pferd, das einigermaßen unbeirrbar vor sich hin töltet – am besten an der Longe oder als Handpferd.

Der Anfänger hat lediglich die Aufgabe, sein Pferd dabei möglichst nicht zu stören. Je weniger der Reiter von Tölthilfen weiß, desto unbefangener wartet er ab, was unter und mit ihm passiert. Erst, wenn der Reiter erspürt hat, wie sich der rassetypische Gang anfühlt, kann er die Anweisungen des Reitlehrers allmählich nachvollziehen.

Sitz

Reiter, die Nicht-Gangpferde gewöhnt sind, müssen sich umstellen. Tölten heißt relativ passiv reiten und lässig sitzen. Zum Beispiel im sogenannten alten Isländersitz: Der Reiter sitzt nicht kerzengerade, sondern mit leicht rundem Rücken. Dabei streckt er die Beine etwas nach vorne. Ganz ähnlich sitzen die Cowboys, denn ihre Pferde reagieren auf Zuruf und ganz leichte Gewichtsverlagerung. Zum Tölten ist dieser Sitz gut geeignet, für eine Dressur- oder Fünfgangprüfung hätte

man so allerdings zu wenig Einwirkung mit Kreuz und Schenkeln.

Einstellung

Auch in Gedanken sollte man das Ganze lässig nehmen: Also nicht wie ein Flitzebogen gespannt warten „jetzt muß er doch gleich lostölten", sondern einfach in aller Ruhe abwarten, wann und wie das Pferd seinen Rhythmus findet.

Hilfen

Die klassische Tölthilfe, die zudem für alle Rassen gleichermaßen gilt, gibt es nicht. – Hilfen geben dem Pferd zu verstehen, was es gerade tun soll. Der Reiter kann mit den Zügeln, den Schenkeln, dem angespannten Kreuz und seinem Gewicht auf das Pferd einwirken. – Doch Tölt ist eben nicht gleich Tölt. Zudem, ein Pferd, das zu Paß oder Trab tendiert, reitet sich jeweils deutlich anders als ein Naturtölter. Man kann nicht alle Rassen und nicht alle Pferde in einen gemeinsamen Tölttopf werfen, deshalb sollen 2 Beispiele die Variationsbreite des Antöltens demonstrieren:

Isländer: In der Regel töltet man aus dem Schritt an. Der Reiter setzt sich zurück, um die Vorhand zu entlasten – gleichzeitig gibt er damit eine Gewichtshilfe für die Hinterhand. Isländer tölten mit recht hoher Körperspannung. Die eigentliche Kunst besteht also darin, diese Spannung vor dem Antölten aufzubauen. Dazu treibt der Reiter das Pferd an – mit den Schenkeln, mit der Stimme und eventuell mit der Gerte – und verkürzt gleichzeitig die Zügel etwas, da sich das Pferd im Tölt aufrichtet. Die Schritte werden dadurch kürzer, bevor das Pferd dann im Tölt loslegt. – Bei einem taktsicheren Pferd gibt der Reiter im Moment des Antöltens mit den Zügeln nach, ein töltunerfahrenes Pferd nimmt er dagegen etwas an. Diese grobe Anleitung muß ein Reiter von Isländer zu Isländer verfeinern und abändern. Einen Isländer im taktklaren Tölt zu halten: Man sollte das Lieblingstempo des Pferdes herausfinden und zulassen, daß es von sich aus dieses Tempo wählt. Mehr kann ein Töltanfänger noch nicht tun, aber es macht schon richtig Spaß.

Tennessee Walking Horse: Wenn ein Pferd an Tempo zulegen will, ohne die Fußfolge zu verändern, kann es wie der Isländer mit vielen, kleinen Schritten dahinsausen oder einfach längere Schritte wählen wie das Tennessee Walking Horse. Während der Isländer wie eine zusammengedrückte Feder voller Power geht, ist der – um im Bild zu bleiben – Walker halb entspannt. Läßt man einem jungen Pferd nicht genügend Zeit, den typischen langen Schritt zu entwickeln, kann auch ein Walker durchaus in ein verspanntes Laufen verfallen. Meist geht das Richtung Paß oder Trab und ist weit weniger angenehm zu sitzen als der Walk.

Start in den Walk: Theoretisch ist nichts einfacher als das: Man sagt „walk" und der Walker walkt, bei „walk up" legt er an Tempo zu und bei „whoa" bleibt er wieder stehen. Bei einem gut ausgebildeten Pferd funktioniert das auch in der Praxis, trotzdem muß der Reiter zwischen den Stimmkommandos schon noch etwas tun, er muß das Pferd irgendwie bei der Stange halten – beispielsweise mit den Schenkeln treiben und mit der Stimme den Takt vorgeben. Doch das kann man nur mit Geduld und Gespür von Pferd und Lehrer lernen.

Braucht ein Pferd Hilfe, um taktsicher zu tölten, dann ist jeder menschliche Töltanfänger überfordert. Er fühlt noch nicht, ob das Pferd unter ihm zu trabig oder zu passig, zu langsam oder zu schnell wird. Und dann macht es einen großen Unterschied, ob ein Isländer oder ein Tennessee Walking Horse, aber auch, ob die Walkerstute X oder die Walkerstute Y zu passig werden. Dazu wird dann ein erfahrener Reiter bzw. Reitlehrer gebraucht.

Schema des unterbrochenen Spannungsbogens beim töltenden Islandpferd. Der senkrechte Pfeil zeigt die Gewichtseinwirkung des Reiters, der gestrichelte die anhebende Zügelhilfe

Töltfehler

Wenn nicht nur der Reiter, sondern auch das Pferd Anfänger ist oder das Pferd sich durch den Reiter aus dem Takt bringen läßt, können folgende Fehler passieren.

Durchtribulieren oder Wechseln: Anders als in Paß, Trab oder Galopp, wo die Sprungphase immer wieder in den Rhythmus hilft, kann sich das Pferd beim Tölt nicht wieder fangen. Tölt klappt nur, wenn alle 4 Beine wie ein Uhrwerk gleichmäßig hintereinander aufsetzen, wenn das Pferd Balance und Rhythmus hat. Ein stark verspanntes Pferd kommt zwangsläufig aus dem Takt. Verspannt ist es meist deshalb, weil ihm das Tempo zu schnell ist, weil der Reiter zu grobe Hilfen gibt oder weil es noch nicht so sicher tölten kann.

Verspannt bedeutet, daß die Hinterhand zu spät auffußt. Dieser Zeitfehler addiert sich mit jedem Schritt, weil die Vorhand den ursprünglichen Tölttakt beibehält. So setzt das rechte Hinterbein beim ersten Fehlerschritt kurz vor, dann gleichzeitig und schließlich nach dem rechten Vorderbein auf. Jetzt muß das Hinterbein einen Takt lang in der Luft

bleiben. Je nachdem, ob es dann zusammen mit dem rechten oder zusammen mit dem linken Vorderbein aufsetzt, wechselt das Pferd zurück in den Tölt oder springt in den Trab.

Für den Reiter fühlt sich das Wechseln so an, als würde das Pferd stolpern. Dieser Beinsalat streßt Pferd und Reiter ganz schön ... und der nächste Wechsel folgt sogleich. Am besten beginnt man in Ruhe von vorne, Schritt und Antölten.

Galopprolle: Treibt der Reiter mit den Schenkeln zu stark, weicht das Pferd in die Galopprolle (isländ. Valhopp) aus. Dabei übergeht das Pferd allmählich die laterale Fußung und töltet sich in die Galopprolle. Da es einen Rechts- und einen Linksgalopp gibt, kann man auch zwischen einer Rolle rechts bzw. links unterscheiden. Die Rolle rechts läuft beispielsweise so ab: Nach dem linken Hinterbein fußt das diagonale Beinpaar vorne links und hinten rechts auf, nach einer Pause folgt vorne rechts. Das ist zwar auch ganz bequem, verdirbt aber den taktklaren Tölt. Man sollte das Tempo etwas zurücknehmen und vor allem die Fußspitzen vom Pferd wegdrehen.

Auseinanderfallen: Für jede schwungvolle Bewegung, also nicht nur für den Tölt, braucht das Pferd eine Grundspannung, die der Reiter aktiv aufbauen und halten muß. Einmal treibt er die Hinterhand an, damit diese genügend untertritt und der Bewegung Schwung gibt. Zum anderen hält er vorne gegen, nimmt die Zügel an, damit das Pferd nicht aus der Spannung oder Versammlung davonläuft. Vergißt der Reiter eines von beiden, fällt das Pferd auseinander, wie das ganz anschaulich heißt. Ein Tölter fällt dabei natürlich auch aus dem Takt.

Mit etwas Übung lassen sich Reiterfehler, die das Pferd aus dem Tölt-Takt bringen, leicht beheben

Der Paßgang spielt als Arbeitsgang zwar heute nur eine untergeordnete Rolle, trotzdem wollen wir ihn hier nicht unbesprochen lassen, da er vielen Pferden angeboren ist, oft mit der gleichzeitigen Anlage zum Tölt, und in seiner langsamen Version eine äußerst angenehme Fortbewegungsart für Roß und Reiter gleichermaßen darstellt. Die ruhige gleitende Vorwärtsbewegung ermüdet nur wenig. Ältere oder rheumageplagte Pferde zeigen beispielsweise häufig von sich aus die Neigung zum Paß – auch dann, wenn sie von Haus aus eigentlich keine Paßgänger sind bzw. waren.

Ähnlich wie beim Tölt ist für den Paßgang kein größeres reiterliches Können vonnöten. Leicht und einfach auszusitzen, da nahezu erschütterungsfrei, kann der Reiter es seinem Pferd überlassen, das richtige Tempo zu finden. Unterstützend und zum Paß anregend wirkt er lediglich durch einseitiges Treiben per Gesäß- und Schenkelhilfen mit gleichzeitigem Nachgeben der Zügel auf derselben Seite, auf der die Beine seines Pferdes nach vorne schwingen. Der Reiter vollführt dadurch mit seinem Körper eine leichte Seit-Drehbewegung nach vorne und schiebt so die entsprechende Rumpfseite des Pferdes in Bewegungsrichtung.

Für den Rennpaß gilt Gleiches, wobei bedingt durch den erhöhten Vorwärtsschwung und die stärkere Rumpfstreckung nun die gleichseitigen Hufe nicht mehr gleichzeitig, sondern ganz kurz hintereinander auffußen und die gesamte Bewegung eine zusätzliche Schwebephase enthält, schön zu sehen auf der Abbildung oben – Walter Feldmann jun. mit einem Islandrappen im Rennpaß. Da der Rennpaß das Pferd jedoch ziemlich beansprucht, sollte er nur über kurze Distanzen geritten werden.

EXKURS: DER PASS

ISLÄNDER

Norwegische Einwanderer brachten um 900 n. Chr. die ersten Pferde nach Island. Dazu gesellten sich keltische Ponies von den Britischen Inseln, so daß beide, das Germanenpony aus Skandinavien und das Keltenpony von den Britischen Inseln als die Urahnen des heutigen Islandpferdes angesehen werden. Um das Jahr 1000 erließ man ein Einfuhrverbot für Pferde und Ponies, um keine Seuchen auf die Insel einzuschleppen. Bis heute darf kein Islandpferd nach Hause zurück, wenn es die Insel einmal verlassen hat. Auch Sattel und Zaumzeug müssen im Ausland verkauft werden. So hat das Islandpferd über fast 1000 Jahre hinweg seinen ursprünglichen Typ bewahrt. Während die Bauern auf dem europäischen Festland sich nach dem 30jährigen Krieg keine Reitpferde mehr leisten konnten, hielten sich die isländischen Bauern bis in das 20. Jahrhundert ihre eigenen Transportpferde. Jeder Bauer hatte eine bestimmte Farbe, die er als *Hofmarke* züchtete. In den 20er Jahren versuchten ausländische Käufer, die Bauern zu bewegen, nur die gängigen Farben zu produzieren – ohne Erfolg. So haben wir heute eine beachtliche Vielfalt nicht nur an Farben, sondern auch in Exterieur (äußeres Erscheinungsbild) und Charakter.

Bevor ein Pferd in das isländische Zuchtbuch aufgenommen wird, muß es Reiteigenschaften, Gehwillen, Charakter und wohlgeratenes Exterieur demonstrieren. Eine Besonderheit bei dieser Prüfung ist, daß jedes Pferd von mindestens einem Richter geritten wird. Zusammen mit den Isländern gründeten Islandpferdevereine aus Schweiz, Österreich, Deutschland, Dänemark und Holland 1969 die Föderation Europäischer Islandpferde Freunde (FEIF). 1974 erarbeitete die FEIF einen welteinheitlichen Rassestandard.

ISLÄNDER

In Deutschland wurden die struppigen Ponies in den 50er Jahren durch den Film „Die Mädchen vom Immenhof" über Nacht bekannt. Daß ihre Popularität anhielt, verdanken sie ihrem 5. Gang, dem Tölt. Knuddeltiere sind sie trotz ihres Steifftier-Looks gerade nicht, sie respektieren den Menschen, aber sie bleiben sehr selbständig, ein Erbe aus Islandtagen.

In Island leben etwa gut die Hälfte aller Pferde in halbwilden Herden. Frühling und Sommer verbringen sie auf den Hochlandweiden, im Herbst holt man sie zurück in die Nähe des Hofes. Da Hengstkämpfe sehr ernste Formen annehmen können, ist es heutzutage verboten, Zuchthengste frei weiden zu lassen. Solche halbwilden Pferde hängen sehr an den ihnen vertrauten Weiden und kehren nicht selten nach dem Verkauf wieder dorthin zurück.

Auch im Winter füttert man normalerweise nichts zu. Nur in sehr harten Wintern stellen einige Bauern ihren Pferden eine Tonne mit Heringen hin, als Energie- und Vitaminquelle.

Zu fette Weiden, wie man sie auf dem europäischen Festland teilweise findet, bekommen den genügsamen Pferden daher nicht. Man sollte folglich die Weidezeit sinnvoll begrenzen. Ansonsten können Isländer jedoch tagaus, tagein stets draußen in ihrer Herde bleiben, allerdings sollte sie trotzdem ein Unterstand vor Regen, Sonne, Hitze und Insekten schützen.

In Island dürfen die Reitpferde 2 Monate des Jahres in der Herde leben – zur gegenseitigen Erziehung, zur Erholung oder eben aus Futtermangel. Sie sind nicht so menschenbezogen wie vielleicht andere Rassen, die Herde ist wichtiger, und im allgemeinen lassen sich Isländer auch gut in eine neue Herdengruppe integrieren.

Gangarten

Das Islandpferd hat sich alle 5 Naturgangarten bewahrt – Schritt, Trab, Paß, Tölt und Galopp. Prominentester Gang ist natürlich der Tölt, den Isländer vom Schritt- bis zum Renntempo zeigen. Den Paß mag man beim Reitpferd nicht, es soll ihn lediglich im Renntempo auf Wettbewerben gehen. Der Galopp kann recht unterschiedlich ausfallen, je nachdem, ob das Pferd eine sehr starke Töltveranlagung hat. Während die Viergänger den Galopp meist ganz normal springen, neigen die Fünfgänger zum gelaufenen Galopp, dem sogenannten *Valhopp*. Obwohl ganz bequem zu sitzen, mag man diesen „Schweinsgalopp" auf dem europäischen Festland überhaupt nicht.

Der Paß spielt wie schon erwähnt bei Freizeitpferden keine größere Rolle, da man ihn ausschließlich im Renntempo reitet.

Das ursprüngliche Robustpferd mit viel Naturtölt ist damit unter ziemlich hohen Leistungsdruck geraten. Nur gangbegabte Pferde werden 5 Gänge wirklich taktrein gehen. Denn Pferde neigen von Natur aus *entweder* zum Trab *oder* zum Paß. Wer Fünfgänger züchtet, selektiert gleichzeitig auf Trab und Paß, was sich im Grunde widerspricht (vgl. Seite 11).

Der ideale Isländer geht von sich aus taktklaren Tölt. Bei solch einem Pferd kann auch der ungeübte Wochenendreiter nicht viel anrichten, wenn er das Pferd in seinem Tempo gewähren läßt. Denn jedes Pferd hat sein individuelles Tempo, indem es sich im Gleichgewicht befindet und daher taktklar, auch am langen Zügel, vor sich hintölten kann. Doch da man nicht nur auf Tölt, sondern auch auf Trab züchtet, sind solche Tölter nicht die Regel. Viele Pferde neigen mehr zum Paß, betonen also die laterale Fußung, andere tendieren zum Trab, bei ihnen dauert die diagonale Fußung länger. Sie müssen mit einem erfahrenen, behutsamen Reiter ihren Takt erst finden.

Paßtölt ist häufig ein Zeichen dafür, daß das Pferd sich verspannt. Es kann aber auch bedeuten, daß es *auseinanderfällt*, das heißt, der Reiter sollte mal wieder etwas tun.

Trab- und Paßtölt haben exakt die gleiche Schrittfolge wie der normale Tölt, nur der Viertakt ist verschoben. Beim Isländer lehnt man diese Verschiebungen zu Paß oder Trab ab, bei den Südamerikanern sowie dem Foxtrotter kultiviert man gerade diese Töltvarianten.

Tips und Hilfen zum Antölten können Sie auf den Seiten 22 bis 24 nachlesen.

Ausbildung

In Island reitet man die 4jährigen Jungpferde an. Sie erhalten 1 bis 2 Monate Training, dann dürfen sie für 1 Jahr zurück zur Herde. Erst mit 5 Jahren beginnt dann die eigentliche Ausbildung zum Reitpferd. In Deutschland beginnt man häufig bereits bei den über 6 Monaten alten Fohlen mit den ersten Boden- und Erziehungsübungen. Etwa 14 Tage lang, dann wiederholt man mit den Jungpferden in längeren Abständen diese Übungen und baut sie aus. So lernt man die einzelnen Jungpferde gut kennen, und die spätere Ausbildung geht schneller.

Manche Fohlen traben auf der Weide nur, trotzdem können sie später unter dem Sattel tölten. Geht ein Fohlen von Anfang an Paß oder Tölt, wird es später mit großer Sicherheit tölten.

Häufig liest man, daß Islandpferde tölten, weil die Insel zu unwegsam für Straßen ist und der Tölt sich besonders gut für lange Strecken eignet. Doch das stimmt so nicht. Pferde tölten vorwiegend dann, wenn der Untergrund einigermaßen eben und nicht zu hart ist. Für lange Wege nehmen Isländer Handpferde mit. Der Tölt ist für den Reiter bequem, doch für das Pferd auf Dauer anstrengend. Je nach Reisetempo weichen die Handpferde auch auf Schritt, Trab oder Galopp aus.

Ausrüstung

Das wichtigste Kriterium für den Kauf eines Sattels ist: Er muß dem Pferd passen. Der Islandsattel vereint Elemente von Dressur- und Vielseitigkeitssattel, sein Tiefpunkt ist leicht nach hinten verlagert. Dadurch entlastet der Reiter die Vorhand des Pferdes, was für den Tölt wichtig ist (siehe auch Seite 23).

Gut geeignet für die Freizeitreiterei ist eine Wassertrense. In Island verwendet man häufig die isländische Kandare mit einfach gebrochenem Gebiß. Ihre Wirkung liegt zwischen Wassertrense und herkömmlicher Kandare, der Reiter sollte daher eine einfühlsame Hand haben.

Glocken oder Spezialeisen, wie Ausbilder sie verwenden, braucht ein Freizeitpferd nicht.

Der kleine Robuste

Obwohl der kleinste unter den Töl-tern, ist der Isländer im Grunde ein Pferd für Erwachsene – seine Wil-lensstärke, seine Selbständigkeit sind ungewöhnlich groß. Wer einfühlsam, konsequent und entschlossen mit ihm verfährt, wird das als Vorzug schätzen. Ein erfahrener Viergänger (Schritt, Trab, Tölt, Galopp) eignet sich jedoch auch für Anfänger und für pferdeerfahrene Kinder. Tempera-mentvoll und dabei doch gelassen, selbständig und völlig unkompliziert im Umgang mit anderen Pferden ist ein Isländer der ideale Begleiter beim Aus- und Wanderreiten.

Willensstark, selbständig und ausdauernd, typische Merkmale des Isländers

ISLÄNDER

Schrittfolge Tölt

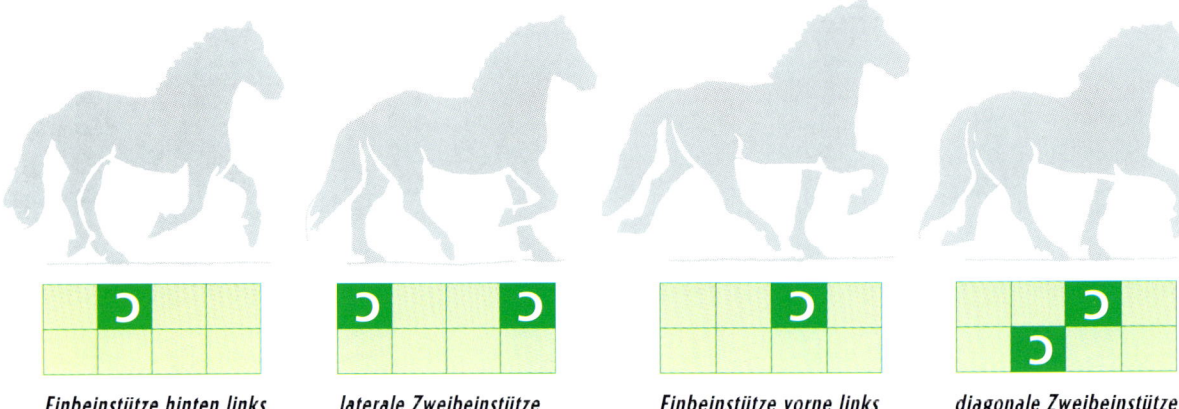

Einbeinstütze hinten links *laterale Zweibeinstütze* *Einbeinstütze vorne links* *diagonale Zweibeinstütze*

Der Tölt ist ein Viertakt mit 8 Phasen. Beim taktreinen Tölt fußen die 4 Hufe in gleichen Abständen auf. Im langsamen Tölttempo sind die Einbeinstützen sehr kurz, mit zunehmendem Tempo werden die Einbeinstützen länger, weil die Schrittlänge zunimmt.

Der Tölt hat im Grunde die gleiche Fußfolge wie der Schritt, ist aber im Gegensatz zu ihm keine schreitende, sondern eine gelaufene Gangart. Das Pferd verliert in keinem Moment den Kontakt zum Boden, der Tölt hat somit also keine Sprungphase. Im Tölt fußen die Beine des Pferdes in der Reihenfolge hinten links, vorne links, hinten rechts und vorne rechts auf.

Je schneller nun ein taktklarer Schritt wird, desto kürzer dauert dessen Dreibeinstütze, bis das Pferd letztendlich dann statt dessen in die Einbeinstütze übergeht: es töltet.

Im langsamen Tölt ist die Einbeinstütze sehr kurz. Je schneller der Tölt wird, desto kürzer werden die Zweibeinstützen, und umgekehrt dauert die Einbeinstütze länger. Im schnellen Tölt werden die Schritte nun länger, und die Beine bleiben länger in der Luft als auf der Erde. In der Phasenfolge im Tölt wechseln sich stets Einbein- und Zweibeinstützen miteinander ab. Die Zweibeinstütze ist abwechselnd lateral und diagonal.

Paß- und Trabtölt

Die Art der Fußung bleibt beim Tölt immer gleich, doch die Abstände, in denen die Hufe auffußen, können verschieden sein. Dadurch entstehen die Töltvarianten. So soll der Isländer beispielsweise nur einen klaren Viertakt, den **Grundtölt** gehen. Er hört sich so an:
1 – – 2 – – 3 – – 4.

Trabtölt: Das Pferd geht nicht mehr genau im Viertakt, es verschiebt seinen Rhythmus mehr oder weniger zum Trab. Die diagonale Zweibeinphase ist sehr lange, die laterale Zweibein- sowie die Einbeinphasen sind verkürzt. Das hört sich so an:
1 – – – 2 – 3 – – – 4 – 1 – – –
2 – 3 – – – 4 – 1 – – – .

Einbeinstütze hinten rechts   *laterale Zweibeinstütze*   *Einbeinstütze vorne rechts*   *diagonale Zweibeinstütze*

Paßtölt: Hier verschiebt sich der Viertakt zugunsten der lateralen Zweibeinphase, der Paßtölt liegt also schon nahe beim Paß. Das hört sich genauso an wie der Trabtölt, jedoch liegt die Betonung an anderer Stelle: 1 – 2 – – – 3 – 4 – – – 1 –. Im schnellen Tölt neigen viele Pferde zum Paßtölt. Oft kann man dann nicht unterscheiden, töltet das Pferd noch oder geht es schon Paß. Theoretisch wird die diagonale Zweibeinphase des Töltes im Rennpaß gesprungen: alle 4 Beine befinden sich kurz in der Luft. Doch das sieht man bei dem Tempo nur bedingt.

Tempi

Neben der Fußung und dem Takt kann sich auch das Tempo verändern. So kann ein Pferd vom Schritttempo bis zum rasanten Renntempo tölten. Man unterscheidet daher:

Arbeitstölt: Das Pferd legt etwa 200 m/min zurück. Das Arbeitstempo ist die Grundlage für die Töltausbildung, für eine klare, selbstverständliche Fußung.

Mitteltölt: Mit steigender Geschwindigkeit vergrößern sich die Schritte.

Renntölt: Mit möglichst weitausgreifenden Bewegungen, aber trotzdem taktklarer Fußung, erreicht das Pferd kurzfristig hohe Geschwindigkeit. Renntölt sollte man nur auf ebenen, festen, aber nicht auf ausgesprochen harten Böden zulassen: Die Pferde können sich beim Renntölt leicht verletzen, vor allem dann, wenn sie sich verspannen und in den Paßtölt verfallen. Dabei können sie sich in die Ballen treten – Rennpferde werden daher meist mit Glocken oder Ballenschonern geschützt.

Versammelter Tölt: Bereits für das Arbeitstempo Tölt braucht ein Pferd eine höhere Körperspannung als beispielsweise für das Arbeitstempo Trab. Die Pferdefachsprache bezeichnet diese Körperspannung als Versammlung. Für einen versammelten Tölt müßte ein Pferd daher noch mehr Spannung als normal aufbauen, das heißt, sich sehr stark verkürzen, hoch aufrichten und erhaben bewegen.

Schrittfolge Rennpaß

Einbeinstütze hinten links   *laterale Zweibeinstütze*   *Einbeinstütze vorne links*   *Sprungphase*

Der Rennpaß ist ein Viertakt mit
8 Phasen, während der normale Paß
nur 2 Phasen hat. Das liegt daran,
daß im Renntempo die Beine der lateralen Zweibeinstütze nicht genau
gleichzeitig aufgesetzt werden können. Zuerst landet der Hinterfuß,
dann der Vorderfuß, über den sich
das Pferd dann in die sich anschlie-
ßende Sprungphase abstoßt. So

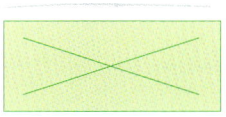

Einbeinstütze hinten rechts   *laterale Zweibeinstütze*   *Einbeinstütze vorne rechts*   *Sprungphase*

stimmt der Rennpaß in der Schrittfolge weitgehend mit dem Tölt über-
ein, nur wird hier die diagonale
Zweibeinstütze übersprungen.

*Eine eindrucksvolle
Demonstration des Renn-
passes: Andrea Jänisch auf
der Islandstute „Hela"*

AEGIDIENBERGER

Anfang der 70er Jahre kamen die ersten Peruanischen Pasos und Paso Finos nach Europa. Der Isländerzüchter Walter Feldmann kam auf die Idee, die beiden damals in Deutschland bekannten und erhältlichen Töltrassen, den Isländer und den Paso, zu kreuzen und so deren gute Eigenschaften zu kombinieren. Er wollte ein Pferd züchten, das die Robustheit, die Tempo- und Gangvielfalt des Isländers mit der Größe, Eleganz und Gangveranlagung des Peruanischen Pasos verbindet. Zusammen mit Tierzüchtern vom Rheinischen Pferdestammbuch sowie der Universität Bonn entstand ein Zuchtprogramm nach dem Schema der ⅝-Kreuzung:

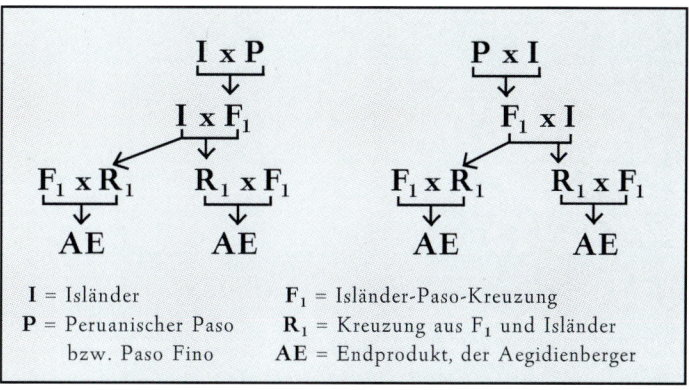

I = Isländer
P = Peruanischer Paso bzw. Paso Fino
F_1 = Isländer-Paso-Kreuzung
R_1 = Kreuzung aus F_1 und Isländer
AE = Endprodukt, der Aegidienberger

Man kreuzt Paso und Isländer, die Tochtergeneration (50 % Paso) kreuzt man mit Isländern zurück (25 % Paso), und schließlich paart man diese zwei Kreuzungen (50/2 + 25/2 = 37,5 = 3/8) zum Endprodukt.

Zuchtziel ist ein sehr menschenbezogenes, mittelgroßes, elegantes, aber robustes Reitpferd mit viel Nerv, das trotz seines Temperaments leicht zu reiten sein soll. Der Tölt muß genetisch stark fixiert sein. 1990 wurde diese Kreuzung als eigene Rasse anerkannt und nach ihrem Heimatort Aegidienberg benannt.

AEGIDIEN-BERGER

Familienausflug: Ihre Verwandtschaft ist deutlich zu sehen, 2 Aegidienberger in Begleitung eines Isländers (in der Mitte, unter Walter Feldmann)

Kreuzungen faszinieren Tierzüchter von jeher, kann man doch eine Änderung im Zuchtziel sozusagen über Nacht erreichen, statt sich von Generation zu Generation geduldig dem neuen Ideal zu nähern.

Kreuzungsprodukte haben eine größere Streubreite als die Nachkommen einer Rasse. Je ähnlicher sich die Ausgangsrassen sind, desto weniger fallen deren Nachkommen aus dem erwünschten Rahmen.

So sind auch die Aegidienberger, die nicht den Vorstellungen entsprechen und aus der Zucht genommen werden, trotzdem sehr angenehme Reitpferde. Schlimmstenfalls sehen sie aus wie ein Isländer und gehen nur Tölt. Doch die $\frac{5}{8}$-Kreuzung – aus 5 Teilen Isländer und 3 Teilen Paso Peruano bzw. Paso Fino – ist sehr stabil. Bei dieser Kreuzung hat man bereits in der 4. Generation eine erbsichere Rasse. Die Betonung liegt auf dem Isländer, was man dem Aegidienberger auch ansieht. Im Wesen spürt man den Paso, denn die Kreuzung ist in der Regel sensibler, menschenbezogener als ein Isländer. Man wünscht sich ein Pferd mit Charakter, Temperament, Intelligenz, freundlichem Wesen und Arbeitseifer. Aggressive oder phlegmatische Tiere kommen nicht zur Zucht.

Steckbrief

Herkunft: 5/8-Kreuzung aus Isländer und Paso-Pferden.
Verbreitung: Deutschland.
Stockmaß: 121 bis 155 cm.
Farben: Alle.
Exterieur: Elegantes, ausdrucksvolles Gebäude, gute Haltung, Aufrichtung und Halsung.
Eigenschaften: Kooperativer, menschenbezogener Tölter mit viel Nerv und Energie.
Gangarten: Schritt, Trab, Tölt, Galopp.
Haltung: Weitgehend robust, durch Paso-Erbe weniger hitzeempfindlich als Isländer.
Anzahl: Etwa 300.

Der Aegidienberger hat eine starke Töltveranlagung, weil der Paso Peruano ausschließlich auf diese Gangart hin gezüchtet wurde. Er geht jedoch den klassischen Isländertölt mit Einbeinstütze. Abhängig von dem Pasoelternteil zeigt er mehr oder weniger Termino, die Auswärtsbewegung der Vorhand.

Der Tölt soll durch Raumgriff und energische Bewegungen Tempo bekommen. Gehwille und natürliche Versammlung zeichnen den Aegidienberger aus. Dabei soll der Tölt für den Reiter möglichst erschütterungsfrei zu sitzen sein. Doch auch Schritt, Paß, Trab und Galopp

berücksichtigt man in der Beurteilung, wenngleich deutlich geringer als den Tölt.

In den nächsten Jahren wird man in Aegidienberg mit Endprodukten weiterzüchten. Die Aegidienberger-Endprodukt-Fohlen müssen allerdings erst noch zuchtreif werden.

Der Aegidienberger, der Jüngste unter den Gangpferderassen – eine gelungene Mischung aus Isländern und Pasos

TÖLTENDE TRABER UND FREIE RASSEN

Bei den Trabern unterscheidet man Zuchtlinien aus Amerika, Deutschland, Frankreich und Rußland. Der Amerikanische Traber entstand aus Vollbluthengsten und Stuten verschiedenster Rassen, die eine starke Trabveranlagung zeigten. Außerdem kreuzte man noch Paß- und Töltgänger ein, so daß es unter den American Standard Breds sowohl Traber als auch Paßgänger gibt. Der American Standard Bred wurde und wird aufgrund seiner hervorragenden Eigenschaften gerne in Europas Zuchtlinien mit eingemischt, so daß heute eine Großzahl der europäischen Traber auf ihn zurückgehen. Außerdem ist er Mitbegründer einiger Gangpferderassen, wie des Tennessee Walking Horse, des American Saddlebred Horse und des Österreichischen Foxtrotter. Da es bei Trabern ausschließlich auf deren Trabveranlagung und nicht auf ihr Exterieur ankommt, haben sie demzufolge kein einheitliches rassetypisches Aussehen.

Unter den Trabern verbirgt sich aufgrund der Zuchthistorie eine ganze Reihe von Paßgängern, den sogenannten Pacern und auch Töltern. Während man in England und den USA auch Paßrennen abhält, gehen Traber in Deutschland ausschließlich Trabrennen. Die ausgemusterten Traber mit Töltveranlagung hat man erst vor wenigen Jahren für die Freizeitreiterei entdeckt, gezüchtet werden sie offiziell bis jetzt noch nicht. Die Interessengemeinschaft Töltende Traber setzt sich allerdings dafür ein, daß diese Pferde als Rasse anerkannt und gefördert werden. Bisher sind die Töltenden Traber eine deutsche Spezialität, erst zwei Pferde sind nach Südfrankreich gegangen.

TÖLTENDE TRABER

Traber, die regelmäßig in Galopp oder Tölt verfallen, mustert man aus, genauso wie die Pferde, die nicht schnell genug traben oder zu alt für den Rennsport sind. Sie können eine zweite Karriere als Freizeitpferd beginnen. Dazu müssen sie jedoch von einem erfahrenen Bereiter umgeschult werden.

Gangarten

Traber gehen normalerweise Schritt und Trab. Der Galopp ist, wie bei einigen anderen Gangpferderassen auch, etwas stiefmütterlich entwickelt. Traber laufen den Galopp mehr, als daß sie ihn springen. Die ausgemusterten Traber zeigen schon vor oder eben nach ihrer Töltschulung zusätzlich noch den Tölt. Einige Pferde haben eine so starke Töltveranlagung, daß sie von sich aus nur Schritt, Tölt und Galopp gehen. Unter dem Sattel vermögen sie dann allerdings auch zu traben.

Ausbildung

Ein Traber wurde bei seiner Ausbildung zum Rennpferd jedesmal bestraft, wenn er angaloppieren wollte. Er hat scharfe Gebisse und Hilfszäu-

mungen kennengelernt, sein Bewegungsapparat war hohen Strapazen ausgesetzt. Wer so ein Pferd ausbildet, muß sehr behutsam vorgehen. Um unliebsame Überraschungen zu vermeiden, sollte man ein fertig umgeschultes Pferd kaufen, denn eine feste Gebrauchsanweisung „So werden Vollblüter zum Freizeitpferd", kann es nicht geben.

Auf jeden Fall ist es sinnvoll, das angehende Freizeitpferd allmählich an eine Robusthaltung sowie – wenn möglich – an den Herdenverband zu gewöhnen. Beides wirkt sich kräftigend auf Physis und Psyche des Ex-Hochleistungssportlers aus und macht es umgänglicher. Ein Spinner oder Angsthase, der deshalb auch keine Rennen gehen kann, läßt den Reiter nie vollkommen entspannt oben sitzen. Er scheidet also für die Freizeitreiterei aus. Man kann jedoch trotzdem versuchen, leicht neurotische Tiere in eine Gruppe zu integrieren. Pferde bringen sich gegenseitig gute Manieren bei, hat das Erfolg, kommt das auch dem Reiter zugute.

Um den Wunschkandidaten zu testen, kann man mit ihm auch einen

Spezial-Parcours, eine Art Anti-Angst-Test, mit Vorhang, Wippe und raschelnder Plastikfolie absolvieren. Gerät das Pferd in Panik, kann man es hier Schritt für Schritt psychisch stabilisieren – oder auch nicht.

Wer sich für einen „ausgemusterten Traber" interessiert, sollte auf jeden Fall eine Ankaufsuntersuchung von einem Fachtierarzt für Pferde durchführen lassen und sich von erfahrenen Pferdeleuten beraten lassen.

Der gelehrige Umschüler

Traber sind die einzigen Tölter, die unter 10.000 DM zu haben sind. Obwohl der Tölt eines Trabers ebenso bequem und leicht zu sitzen ist wie der anderer Gangpferde, eignet sich ein hochblütiger Traber in der Regel nicht für einen Reitanfänger. Für gute Reiter sind diese sehr menschenbezogenen, nervenstarken, trainierten Pferde ideale Partner.

Freie Tölter sind all diejenigen Pferde, die durch Kreuzungen aus ein oder zwei töltenden Elternteilen entstanden sind – gezielt oder aus Zufall. Dies gelingt deshalb, weil die Anlage zu lateralen Gängen genetisch so stark fixiert ist, daß zur Vererbung bereits ein töltender Elternteil genügt.

Bei den gezielten Kreuzungen handelt es sich meist um solche mit Isländern, Töltenden Trabern, Peruanischen Pasos oder Tennessee Walking Horses.

Daneben zählt man zu den Freien auch die Pferde, die einer nicht-töltenden Rasse angehören, aber dennoch selbst tölten. (Genauso wie es in den Töltrassen Vertreter gibt, die gerade nicht tölten und daher Traber genannt werden.) Tölter kann man auch bei Rassen entdecken, für die diese Gangart eher untypisch oder untypisch geworden ist. Oft handelt es sich um Pferde aus iberischen Blutlinien, wie beispielsweise um Araber, Pferde russischer Abstammung oder aus Großbritannien, Irland, dem Balkan oder Frankreich. Aber auch bei Hannoveranern können Tölter auftreten.

FREIE RASSEN

PERUANISCHER PASO

A

Als die Spanier Anfang des 16. Jahrhunderts Mittel- und Südamerika eroberten, brachten sie auch ihre Pferde mit, ursprünglich um Nachschub für die Schlachten zu ziehen. In Lima, der Hauptstadt Perus, war der Sitz des spanischen Vizekönigs. Hier entstand aus edlen iberischen Pferden der Peruanische Paso, nach dem Motto fortaleza – nobleza – belleza, was Stärke, Edelmut und Schönheit bedeutet. Ursprünglich war der Paso Peruano das Pferd der herrschenden Klasse. Er sollte feurig auftreten und trotzdem mit dem kleinen Finger zu reiten sein, damit man mit ihm ein bißchen Eindruck schinden konnte. In erster Linie wollte man auf den Peruanischen Pasos aber beachtliche Wegstrecken zurücklegen – und das möglichst bequem. Deshalb züchten die Peruaner bis heute konsequent nur Eingangpferde, die sie in verschiedenen Tempi reiten können. 1946 gründeten sie den offiziellen Zuchtverband für ihr Paßpferd, die Asociación Nacional de Criadores y Propietarios des Caballos Peruanos de Paso.

PERUANISCHER PASO

daß sich die gesamte Bewegung auf den Rücken und damit auf den Reiter überträgt. Der Termino zögert also das Auffußen der Vorderbeine hinaus und verschiebt dadurch den Gang vom Paß in Richtung Tölt.

Und das schätzen die Peruaner, sie lieben's einfach bequem und haben ihre Pasos über fast 400 Jahre konsequent auf den weichsten Gang hin selektiert. Der Paso Peruano hat daher die stabilste Töltanlage aller Gangpferderassen.

Neben seinen Gangvarianten, dem *Paso Llano* (Tolt) und dem *Sobreandando* (Paßtölt), zeichnet den Paso Peruano sein Wesen aus, sein *Brio*. Brio läßt sich eigentlich nicht übersetzen, Brio strahlt so vieles aus – Stolz, Selbstbewußtsein, aber auch Arbeitseifer und den zuvorkommenden Wunsch, dem Reiter zu gefallen.

Solche Kreuzungen zwischen Paso Peruano und Partbreds Pony sind besonders robust

Einen Paso Peruano erkennt man schon von weitem an seiner typischen Handbewegung, dem Termino oder Braceo: Die Vorhand bewegt sich nicht direkt nach vorne, sondern beschreibt einen Halbkreis zur Seite, das wirkt wie ein Stoßdämpfer. So kann das Pferd weit ausgreifen, ohne

Im Gegensatz zu Warmblütern würde ein Peruanischer Paso auch nie einem Menschen aus Versehen auf die Füße treten. Schon die Fohlen lernen, sich zu benehmen und sich an ihre späteren Aufgaben, wie den Streß öffentlicher Auftritte, zu gewöhnen. Das gibt ihnen die nötige Gelassenheit, um auch mit ungewohnten Situationen problemlos fertig zu werden.

In Peru führt man die Pferde nur auf Zuchtschauen vor: die 1- bis 4jährigen an der Hand, die älteren Pferde unter dem Sattel. In Deutschland kann man mit seinem Peruanischen Paso auch an Sport- und den dreigeteilten Arbeitsprüfungen teilnehmen: Hierbei absolviert man je nach Schwierigkeitsgrad einen Streckenritt von 25, 35 oder 45 km in vorbestimmter Zeit – 3 km davon als Töltprüfung; auf dem Trail passieren die Pferde wie im Westernreiten verschiedene Hindernisse von der Plastikplane bis zu gackernden Hühnern und schließlich demonstriert eine Anfängerdressur die Rittigkeit des Pferdes.

In Europa möchte man Dreigang-Pasos, einige Pferde gehen sogar Trab. Die Peruaner hingegen sehen im Trab einen Hinweis darauf, daß die entsprechenden Pferde nicht so edel gezogen sind, wie man das möchte. Denn neben den rein gezüchteten Pasos gibt es in Peru die Arbeitspferde der Bauern. Sie haben den gleichen Ursprung wie die Pasos, und etwa $1/3$ von ihnen töltet auch. Teilweise leben sie noch in halbwilden Herden, aus denen die Jungpferde mit dem Lasso herausgefangen werden. Diese Bauerngäule kreuzt man mit edlen Pasos zu Gebrauchspferden, die in der Regel Viergänger sind. Diese sehr robusten Partbreds kommen allerdings nicht nach Europa oder in die USA. Sie sind nicht im Zuchtbuch eingetragen und erhalten deshalb meist keine Export- bzw. Importerlaubnis.

Nicht nur Pferde wissen zu tölten, wie diese Bewegungsstudie zeigt (Doris Otte auf „Rodrigo", mit Dogge)

Schön zu sehen, auch bereits beim Fohlen, die typische Handbewegung des Peruanos, der Termino oder Braceo (Oben: „Rodrigo" und „Provinciano" unter Doris und Dr. Kai Otte; unten: „Chiquo" von Rudolf Weiß)

Gangarten

Das wichtigste Kriterium bei der Gangpferdezucht ist in Peru eindeutig die Bequemlichkeit für den Reiter. Wenn bei einer Zuchtschau zwei Pferde in allen anderen Punkten gleich gut sind, siegt immer das weichere Pferd. Daher rühren auch bei manchen Pasos die Fesselprobleme: Lange und stabile Fesseln wirken besonders gut als Stoßdämpfer, solche Pferde sind daher sehr weich und bequem für den Reiter. Aller-

dings bekommt so ein Pferd früher oder später Probleme, es tritt durch. Hierbei werden die Beugesehnen der Fesselgelenke im Extremfall so stark überdehnt, daß die Fesselköpfe fast den Boden berühren. Daher achtet man heute sehr darauf, Pferde mit stabilen Fesseln zu züchten.

Pasitrote (Trabtölt) und *Trote* (Trab) sind bei den Peruanischen Pasos unter dem Sattel nicht erwünscht, der *Huanchano* (Paß) auch nicht unbedingt. Entweder die Paßpferde lernen Sobreandando und Paso Llano, oder man nimmt sie für die Zucht, da Paßpferde erfahrungsgemäß auch die Töltanlage vererben.

Die europäischen Pasos gehen auch noch Schritt, was sie von Haus aus können, und möglichst Galopp. Allerdings tun sich Sobreandandopferde mit starker Paßveranlagung ein bißchen schwerer damit. Durch gymnastische Übungen, beispielsweise durch Cavaletti-Arbeit, kann man jedoch die hohe Körperspannung lockern und so mit der Zeit auch bei ihnen den Galopp entwickeln.

Ausbildung

In Peru leben alle Pferde, außer den Zuchthengsten, im Herdenverband auf der Alm, der Weide oder haben Zugang zum Laufpaddock (umzäunter Auslauf). Die Ausbildung beginnt bei den 1- bis 2jährigen Jungpferden. Zuerst arbeitet man sie mit langem Führzügel an der Hand. Dabei werden sie aufmerksam und lernen Gehorsam, Disziplin und leichte Hilfen. Je früher sie damit beginnen, desto leichter fällt ihnen das. Für die Gangschulung longiert man das Pferd im kleinen Kreis um stabile Pfosten. Im Laufe der Ausbildung werden die Zirkel immer größer. Zeigt das 3- bis 4jährige Pferd taktklaren Paso Llano mit viel Termino, wird es angeritten. Im ersten Jahr noch ohne Gebiß, nur mit dem peruanischen Bosal. Danach reitet man mit 4 Zügeln, also mit Bosal und peruanischem Stangengebiß. Stufenweise benützt der Trainer mehr und mehr das Stangengebiß, bis er auf das Bosal ganz verzichten kann.

Peruanischer Bosal (oben), an jeder Seite des Nasenriemens ist je ein Zügel befestigt.
Der Paso Llano (links) wird in mäßigem Tempo und natürlicher Versammlung geritten

Ausrüstung

Der traditionelle peruanische Ausbildungssattel liegt vorne und hinten punktförmig auf, was eine starke Gewichtseinwirkung zur Folge hat. Für das Pferd wird das leicht unangenehm, es sei denn, man polstert dick unter. Ein gut passender Tölt- oder Westernsattel eignet sich daher besser für Wanderritte.

Das peruanische Bosal engt die Pferdenase ein, da es sehr fest verschnallt wird. Auch hier sind eine Wassertrense, das kolumbianische Bosal oder auch ein Stangengebiß, das aber nicht als Anfangszäumung, eine Alternative.

Auf Fotos sieht man des öfteren die Tapa-Ojos – Augenklappen – die man über der Stirn befestigt. Früher „band man Pferde fest", indem man ihnen die Klappen vor die Augen schob. So geblendet bleiben die Tiere in der Regel ruhig stehen.

Heute sind sie reine Dekoration, genauso wie das Hintergeschirr, das sind die Lederriemen, die als Tölthilfe um die Oberschenkel hängen. Sie können, wenn sie für das Pferd neu sind, das Untertreten fördern. Bei allen Tieren wirkt diese Methode allerdings nicht.

Die traditionelle, landestypische Ausrüstung des Peruanischen Pasos

Steckbrief

Herkunft: Peru.
Verbreitung: Süd- und Nordamerika, Australien, Europa.
Verwendung: Arbeits- und Freizeitpferd.
Stockmaß: 143 bis 155 cm.
Farben: Alle Grund- und Mischfarben, weiße Abzeichen möglichst klein.
Exterieur: Edler Kopf mit geradem oder leicht konvexem Profil, hochaufgesetzter Hals, tiefe Brust. Feine, trockene Gliedmaßen; mittellange, nicht zu weiche Fesseln (nicht durchtrittig). Volles Mähnen- und Schweifhaar.
Eigenschaften: Leistungsbereites, intelligentes, ausdauerndes Reitpferd mit freundlichem, sehr menschenbezogenem Wesen, lebhaftem Temperament und taktklarem Tölt.
Gangarten: Arbeitspferd: Paso Llano (Tölt), Paso Sobreandando (Paßtölt), Huachano (Paß) – immer in Verbindung mit der Vorhand-Seitwärts-Aktion, dem Termino.
Freizeitpferd: Zusätzlich zum Tölt Schritt, teilweise Trab und Galopp.
Haltung: Anspruchslos, in Europa Robusthaltung möglich.
Anzahl: In Europa etwa 400.

Der lebhafte Nur-Tölter

Für Anfänger ist der Nur-Tölter einfach ein Traum, weil genau das fehlt, was Angst einflößt, das Werfen im Sattel. Allerdings brauchen auch Peruanische Pasos eine feine Hand. Das heißt, Reitneulinge gehören auf ein Handpferd und sollten mit den Händen nur die Mähne fassen. Außerdem sollten sie sich nicht mit den Beinen festklammern, was Anfänger mit etwas Reiterfahrung meist unwillkürlich tun. Trotz seines Hofreitschulen-Aussehens ist der Peruanische Paso kein Dressurpferd, denn er kann in der Regel nicht traben. Dressurverwandte, gymnastizierende Lektionen sollte man jedoch regelmäßig mit ihm üben. Wie beim Paso Fino (vgl. Seite 54 bis 63) findet man in dieser Rasse die große Vielfalt, vom lieben, unkomplizierten Familienpferd bis zum heißen Tölter.

Gelassen und selbstbewußt schaut diese edle Peruano-Dame

PERUANISCHER PASO

Schrittfolge Paso Llano

Dreibeinfußung

laterale Zweibeinstütze

Dreibeinfußung

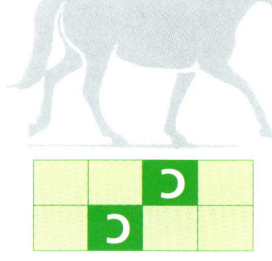

diagonale Zweibeinstütze

Der Paso Llano ist ein Viertakt mit 8 Phasen. Die Hintergliedmaße fußt jeweils ½ Takt vor der gleichseitigen Vordergliedmaße. Die Schrittfolge entspricht in etwa dem Isländertölt. Doch sind bei mäßigem und mittlerem Tempo die Tölt-Einbeinstützen durch Dreibeinfußungen ersetzt. Das Besondere des Paso Llano – wie auch des Sobreandando – ist der Termino: die Vorwärts-Seitwärts-Bewegung der Vorderbeine. Sie wirkt wie ein Stoßdämpfer und verzögert das Auffußen der Vorderhufe.

Schrittfolge Sobreandando

Dreibeinfußung

laterale Zweibeinstütze

Dreibeinfußung

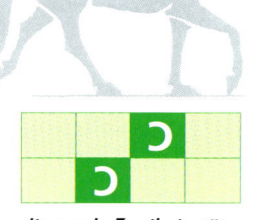

diagonale Zweibeinstütze

Der Sobreandando ist ein Viertakt in 8 Phasen. Sobreandando bedeutet „übergängig", also der Tölt zwischen Viertakt und Paß. Wie beim Paso Llano sind die Tölt-Einbeinstützen in mäßigem und mittlerem Tempo durch Dreibeinfußungen ersetzt. Die laterale Zweibeinstütze dauert länger als die diagonale Phase. Beim typischen Paßtölt setzt die Hintergliedmaße ¼ vor der gleichseitigen Vordergliedmaße auf. In Peru hat man eine Idealvorstellung vom Sobreandando: Die gleichseitigen Beine sol-

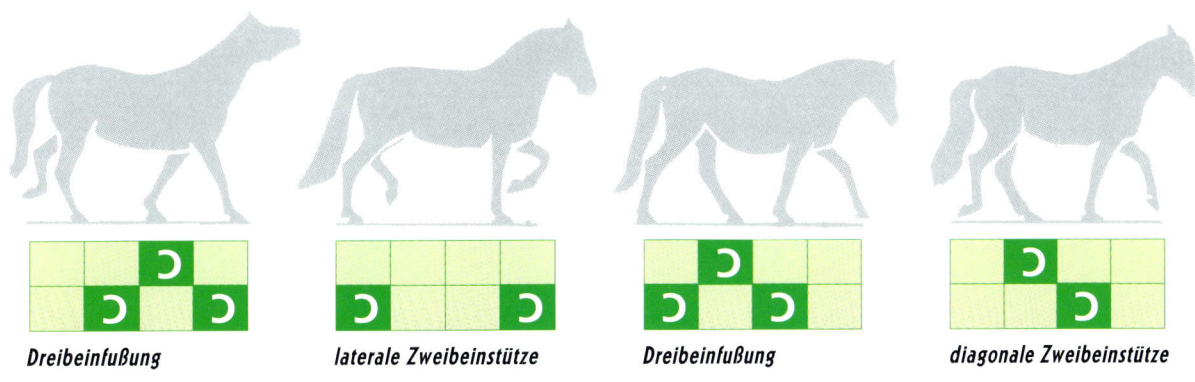

Dreibeinfußung   *laterale Zweibeinstütze*   *Dreibeinfußung*   *diagonale Zweibeinstütze*

Paso Llano reitet man in mäßigem Tempo und natürlicher Versammlung. Je nach Geschwindigkeit, Bequemlichkeit unterscheidet man noch den superweichen Paso Llano Gateado („wie eine Katze"), den stärker versammelten Paso Llano Picado und den klopfenden Paso Llano Golpeado.

Doch wesentlich wichtiger als das Tempo sind beim Peruanischen Paso die hohe Aktion, der weit ausgreifende Termino und der elegante Ausdruck.

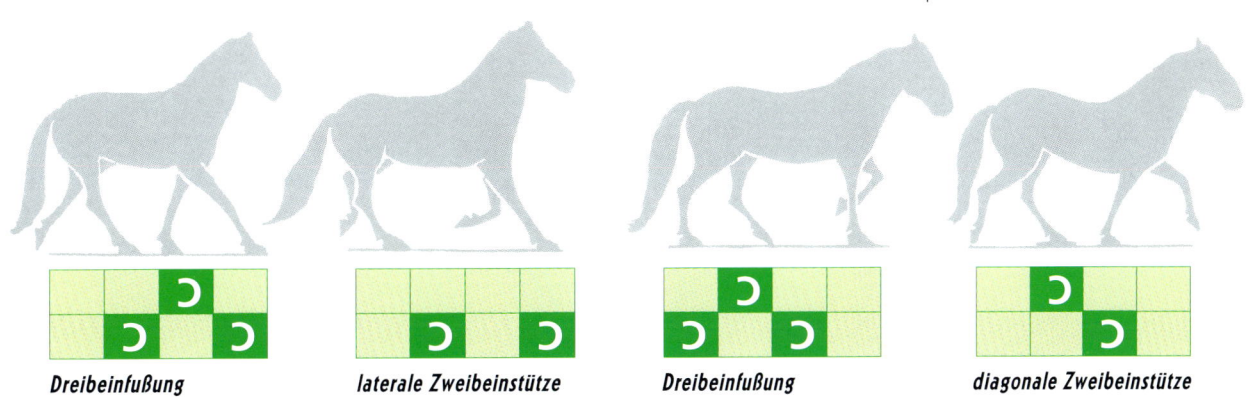

Dreibeinfußung   *laterale Zweibeinstütze*   *Dreibeinfußung*   *diagonale Zweibeinstütze*

len sich vollkommen synchron bewegen, lediglich durch den Termino fußt das Vorderbein etwas später auf. Ob das Pferd seine Schrittfolge dabei mehr zum Paß oder mehr zum Tölt verschiebt, spielt nicht die entscheidende Rolle.

Bei keiner anderen Gangrasse züchtet man zugleich auf Paßtölt, obwohl gerade das die sichere Selektion auf Tölt bedeutet (vgl. Seite 11).

PASO FINO

Anno 1493 nahm Kolumbus aus den spanischen Provinzen Cordela und Andalusien 20 Stuten und 5 Hengste mit nach Santa Domingo, in der Dominikanischen Republik. An Bord entpuppte sich so manch reinrassiger Spanier dann als Pony oder Kreuzung. Doch in den nächsten 12 Jahren kamen noch viele wertvolle Stuten aus Spanien nach. Auf ihren Nachkommen eroberten die Spanier Südamerika, lediglich Brasilien fiel den Portugiesen zu. 1524 brachte ein Rodrigo de Bastidas zusammen mit 200 Kühen und 300 Schweinen auch die ersten 25 spanischstämmigen Stuten nach Kolumbien.

Vermutlich kreuzte man später sowohl Traber als auch Paßgänger ein, und so entstanden von Land zu Land unterschiedliche Rassen: In Peru und Kolumbien brauchte man ein Transportpferd für lange Distanzen, in Kolumbien aber auch Pferde für die Arbeit bei den Rinderherden. Man wollte also ein bequemes, trittsicheres und wendiges Pferd. In der Karibik, vornehmlich in Puerto Rico, der Dominikanischen Republik und Kuba züchtete man schon früh bequeme, aber auch schnelle und elegante Repräsentationspferde. Auf diese heißen Südamerikaner, die trotzdem bequem zu handhaben und anspruchslos zu halten waren, führt man den Paso Fino zurück. Anfang unseres Jahrhunderts hatten einige kolumbianische Züchter die Idee, mit anderen Rassen wie Morgan, Saddlebred, Friesen und Andalusiern einen größeren, trabfreudigeren Paso Fino zu kreieren. Um den ursprünglichen Paso Fino zu erhalten, gründete man 1947 die Asociación de Criadores des Caballos de Paso (A.C.C.P.). Seit 1960 importieren Züchter Paso Finos in die USA, seit 1973 auch nach Europa.

PASO FINO

Paso Finos sprühen vor Temperament und Aktion

Ein bißchen Show ist bei Paso Finos immer dabei. Aber einmal im Jahr präsentieren Rinder- und Pferdezüchter in der US-National-Show die hohe Ausbildung, den Gehorsam und die Wendigkeit ihrer Paso Finos: Neben den typischen Übungen des Westernreitens, wie Übergänge in den Galopp, Stops, Hinwerfen der Zügel, zeigen die Pferde auch Geschicklichkeitsübungen wie immer engere Achten reiten und die Krönung des Festes: Classic Fino oder Fino Fino genannt. Ein schneller Tölt in höchster Versammlung, so daß sich das Pferd schon fast auf der Stelle bewegt. Fans sprechen vom Flamenco der Pferde, denn die Showpferde tölten über einen Holzplankenweg, den sogenannten Paso-Fino-Strip. Sie sprühen vor „Brio", vor Temperament und Aktion, und heizen die Stimmung im Publikum gekonnt an.

Gangarten

Ein bißchen Hui gehört auch bei den Performance- und Pleasure-Pferden einfach dazu, also den „normalen" Show- bzw. Reit- und Freizeitpferden. Brio ist dem Paso eben angeboren!

Anders als bei den Peruanischen Pasos, die als Eingänger nur Tölt gehen sollen, züchtet man die Paso Finos als Dreigänger mit *Fino, Trocha* (Trabtölt) oder *Trote* (Trab Seite 12 und 62), es kommen aber auch Vier- und Fünfgänger vor. Das hängt sicherlich nicht nur mit der Ganganlage zusammen, sondern auch damit, was der Trainer dem mehr oder weniger begabten Pferd alles beibringt. Man kreuzt auch Trochadores mit Fino- oder Trote-Galope-Pferden. Hauptsache, es gibt gute Fohlen. Paßgänger mag man in Kolumbien allerdings nicht, ein Züchter wird sie möglichst schnell verkaufen.

Für den Reiter ist der Paso Fino natürlich besonders angenehm, aber auch Trocha und Trote sind bequem zu sitzen. Auf langen Strecken gehen viele Pferde lieber Trocha als Paso Fino, da sie ökonomischer ist.

Ausbildung

Bevor man die jungen Pferde reitet, drehen sie als Handpferd neben dem *Madrino* ihre Runden, oder man arbeitet mit ihnen an der Doppellonge. Dann beginnt man sie mit Bosal (ge-bißlose Zäumung) zu reiten und übt von Anfang an das Flexen: Man biegt dabei den Pferdenacken sanft zur Seite, ein paarmal nach links, dann nach rechts – mit der Zeit berührt der Kopf das Knie des Rei-ters. Mit dieser Gymanstikübung er-reicht man, daß ein Pferd immer nachgiebiger im Genick wird. Nach-giebig bedeutet, die Hals- und Nackenmuskulatur werden locker. Das Pferd reagiert dann willig auf das feinste Zügelsignal, erst jetzt sollte man ein Stangengebiß verwen-den. Später arbeitet man am Zirkel, die Pferde bleiben erst einmal im Schritt. Wenn sie einige Zeit unter dem Reiter gymnastiziert wurden, gehen sie von sich aus Paso Fino bzw. Trocha.
Für die Dressurausbildung nach Spanischer Schule verwenden die Kolumbianer neben dem Bosal zu-sätzlich eine Kandare.

Ausrüstung

Die traditionellen kolumbianischen Sättel gibt es auch in Europa zu kaufen, aber ein in der Größe pas-sender Töltsattel tut es genauso. Mit dem Bosal zäumt man die Pferde sehr schonend, für Dressurübungen ergänzt man es mit einer Trense. In Kolumbien kombiniert man das Bo-sal mit einer kurzschenkligen Kan-dare (Abbildung oben).

Das Flexen sollte man le-benslänglich üben (unten)

Der elegante Vielseitige

Wenn man nicht nur durchs Gelände tölten, sondern auch Dressur reiten möchte, dann wird man am Paso Fino seine Freude haben. Die Unterschiede im Temperament und in der Begabung sind innerhalb der Rasse recht groß: Wer wie die Südamerikaner Spaß an heißen Pferden hat, wird sein Pferd genauso finden wie der Freizeitreiter, der einen netten Kameraden für den Gruppenausritt sucht.

Elegant und anmutig eignet sich der Paso Fino (hier unter Andrea Jänisch) gleich gut für den Ritt durchs Gelände wie auch zur Dressur

PASO FINO

Schrittfolge Paso Fino

Dreibeinfußung

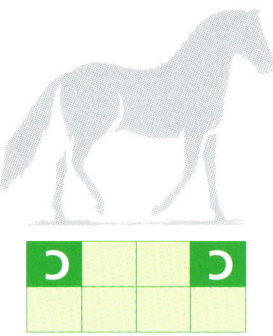
laterale Zweibeinstütze

Dreibeinfußung

diagonale Zweibeinstütze

Der Paso Fino, kurz Fino, ist ein Viertakt in 8 Phasen. Die Schrittfolge entspricht weitgehend dem Isländertölt, jedoch ersetzen Dreibeinfußungen die Tölt-Einbeinstützen.

Im Gegensatz zum Paso Peruano zeigen Paso Finos weniger Aktion und keinen Termino, also keine Seitwärtsbewegung der Vorhand. Das Arbeitstempo ist der Paso Corto, im

Schrittfolge Trocha

Dreibeinfußung

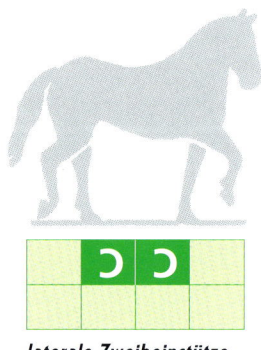
laterale Zweibeinstütze

Dreibeinfußung

diagonale Zweibeinstütze

Die Trocha ist ein Vierschlag – man hört jeden Huf einzeln fußen – mit 6 bis 8 Phasen. Je nachdem, ob die laterale Zweibeinstütze übergangen wird oder kurz besteht. Die diagonale Zweibeinstütze dauert sehr

lang. Das Diagramm zeigt Ihnen alle 8 Phasen, so erkennt man die Trocha als Trabtölt. Die meisten Pferde gehen jedoch entweder Paso Fino oder Trocha. Beide Gangarten beherrschen nur wenige.

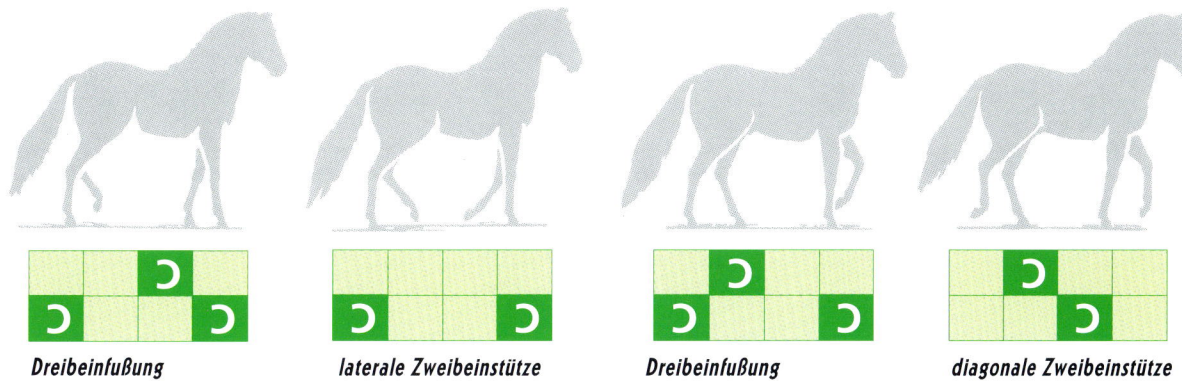

Dreibeinfußung   laterale Zweibeinstütze   Dreibeinfußung   diagonale Zweibeinstütze

Paso Largo geht das Pferd schneller und mit mehr Raumgriff. Der prominenteste Gang ist jedoch der Fino Fino oder Classic Fino, den nur Showpferde lernen. In äußerst hoher

Versammlung tölten sie – bei Prüfungen über einen Holzplankenweg, dem Paso-Fino-Strip – sehr schnell nahezu auf der Stelle.

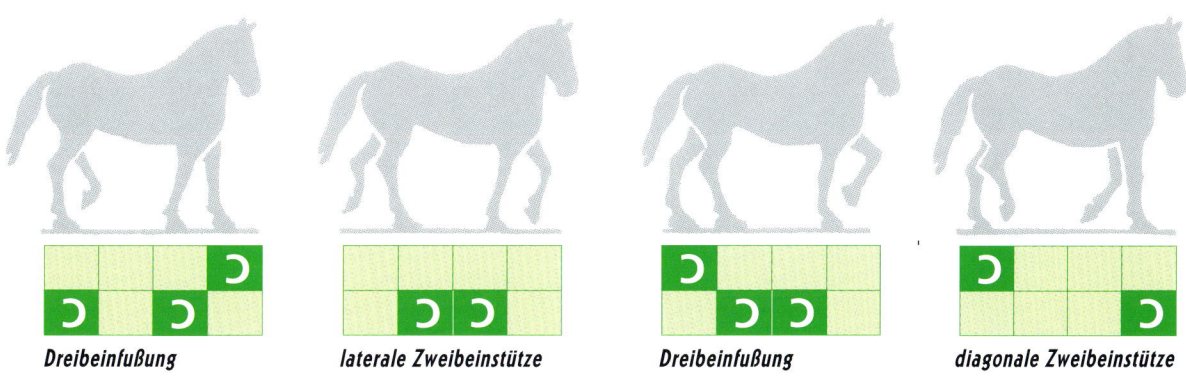

Dreibeinfußung   laterale Zweibeinstütze   Dreibeinfußung   diagonale Zweibeinstütze

Mit dem Trabtölt ergeht es dem Zuschauer wie mit Vexierbildern: Mal sieht man mehr das Töltige und denkt, aha, das Pferd geht Fino. Dann springt einem die Diagonalfußung ins Auge, und man revidiert

seine Meinung, ach doch Trocha. Wenn man das Pferd reitet, erfühlt man mit der Zeit den Unterschied – im Fino sitzt man etwas ruhiger.

Schrittfolge Trote

diagonale Zweibeinstütze

Drei-Vierbeinfußung

diagonale Zweibeinstütze

Drei-Vierbeinfußung

Die Trote ist ein Zweitakt mit 4 Phasen, die diagonalen Beinpaare fußen nahezu gleichzeitig auf. Oft wird Trote einfach mit Trab übersetzt. Das ist zwar nicht falsch, doch versteht man in Mitteleuropa darunter immer einen Zweitakt mit einer Sprungphase dazwischen.

In Südamerika aber ist Trote auch ein Zweitakt-Trab ohne Sprungphase. Das Pferd wechselt von einem diagonalen Beinpaar auf das andere. Im langsamen Trott können kurz alle 4 Beine auffußen, im flotteren Tempo werden Dreibeinfußungen eingeschoben: Um sich nun den Sprung zu sparen, fußt das Diagonalpaar nicht exakt gleichzeitig, sondern das Hinterbein kommt eine Idee früher. Für den Anfänger ist es nicht leicht, die 3 Gangarten zu unterscheiden. In der Trote läuft ein Paso ganz schön zackig, das sieht man, und als Reiter spürt man das auch.

Zum Vergleich: Bewegungsstudie der Trocha (siehe auch Diagramm Seite 60/61)

AMERICAN PASO FINO

Europäische und amerikanische Paso Finos gehören derselben Rasse an. In Europa favorisiert man mittlerweile die Pferde aus Kolumbien, während die Amerikaner auch Finos aus Puerto Rico importieren und sie mit den Kolumbianern paaren. Im Typ unterscheiden sich die beiden deutlich: Während die Kolumbianer etwas kleiner, feingliedriger sind, haben die Puertoricaner nahezu die Größe eines „richtigen Pferdes".

Daneben nannte man in Europa eine Zeitlang auch Kreuzungen zwischen Peruanischen Pasos und Paso Finos „Amerikanischen Paso Fino". Von dieser mißverständlichen Bezeichnung ist man um 1990 wieder abgekommen, in älteren Veröffentlichungen findet man sie allerdings noch.

American Paso Fino wird die Kreuzung eines Finos aus Puerto Rico mit seinem kolumbianischen Verwandten genannt (oben)

MANGALARGA MARCHADOR

Die Ursprünge dieser brasilianischen Nationalrasse gehen in das 18. Jahrhundert zurück: Damals kreuzte Colonel Francisco Junqueira auf dem Campo Alegre, nördlich von Rio im Staat Minas Gerais, den portugiesischen Altó-Real-Hengst „Sublime" mit Berber- und iberischen Stuten. Diese Pferde fielen auf, weil sie besonders ausdauernd, weich und trittsicher in der töltverwandten Marcha gingen. Die meisten Pferde verkaufte der Colonel an die Besitzer der Fazenda Mangalarga im Bundesstaat Rio de Janeiro. Dieses bekannte Gut gab der Rasse auch den Namen. Dort züchtete man mit den „Campo-Alegre"-Pferden und Stuten unterschiedlicher Rassen weiter. So kamen immer wieder auch trabende Fohlen zur Welt, die – genauso wie Paßgänger – von der Zucht ausgeschlossen wurden. In São Paulo aber kreuzten Verwandte des Colonels „Campo-Alegre"-Mangalargas mit Englisch Vollblut, Anglo-Arabern und anderen Nicht-Portugiesen, damit ging die Marchaveranlagung verloren. Auch um sich von diesen Trabern, den Mangalarga Paulistas, abzugrenzen, schlossen sich 1949 die Besitzer der marchagehenden Mangalargas in einem eigenen Verband zusammen – für Brasilianische Mangalarga Marchadores. Heute gehören ihm rund 6.000 Züchter mit 100.000 Marchadores an.

Ins Zuchtbuch werden nur die 3jährigen Jungpferde eingetragen, die sowohl exakt im Gebäude stimmen als auch die Marcha beherrschen. Zuchtziel ist ein vielseitiges Arbeits-, Reit- und Freizeitpferd.

MANGALARGA MARCHADOR

Mangalarga Marchadores sollen von alleine Marcha laufen – immer der Nase nach. Hohe Schule, wie sie die Peruaner oder Kolumbianer reiten, finden Brasilianer daher reine Kraftverschwendung. Ihre Arbeitspferde sollen weder besonders schnell noch mit viel Aktion gehen, sie sollen in erster Linie Entfernungen bewältigen. In der Marcha schaffen sie Tagesetappen von 60 bis 80 km.

Daneben arbeiten Marchadores auch bei Rinderherden, wo sie nicht nur Ausdauer, sondern auch Wendigkeit unter Beweis stellen. Und nicht zuletzt sind die Mangalarga Marchadores ein Statussymbol in Brasilien. Wer sich's irgend leisten kann, kauft sich das Nationalpferd. Und das nicht nur in Brasilien, der Marchador wird sich sicherlich die Welt erobern, daher heißt er auch *O Cavallo Sem Fronteiras*, das Pferd ohne Grenzen.

Gangarten

In Brasilien verwendet man die meisten Pferde sowohl für die Arbeit als auch für Pleasure, also die Freizeitreiterei. Mangalarga Marchadores gehen nicht nur Marcha, sondern außerdem Schritt und einen runden Galopp. Da viele Fohlen auch traben, kann man sie später neben der Marcha ebenso im Trab ausbilden. Reine Traber kört man allerdings nicht an, das heißt, diese Hengste erhalten keine Deckerlaubnis durch den Züchterverband. Marchadorpferde, die Paß gehen, nennt man Andadura, was Hartgänger bedeutet. Weil sie unangenehm zu reiten sind, wünscht man sich diese Gangart nicht gerade für ein Arbeitspferd. Auch die Andaduras werden nicht für die Zucht zugelassen. Deshalb verkaufen Züchter solche Pferde möglichst schnell, sie sind teilweise recht günstig zu haben.

Typisch für diese Mangalargas ist natürlich die Marcha. Es gibt 2 Marchaformen, die Marcha Batida, die dem Trabtölt ähnelt und sehr raumgreifend ist, und die Marcha Picada, die in der Schrittfolge mehr dem Tölt entspricht, mehr Versammlung und Vorhandaktion zeigt. In Brasilien bevorzugt man die Batida, weil die Pferde dabei ihre Kräfte ökonomisch einsetzen und sie deshalb auf langen Strecken nicht so schnell ermüden. In Mitteleuropa aber favorisiert man die Picada, denn man zog ja eigentlich aus, um Tölter zu suchen.

80% der Marchadores gehen unter dem Reiter beide Marchas, 10% nur Batida und 10% ausschließlich Picada. Das spielt vor allem dann eine Rolle, wenn man einen Marchador nach europäischer Schule ausbilden möchte. In Brasilien reitet man ohne Versammlung am langen Zügel, man nennt das auch unangefaßt. Ein Pferd mit Naturpicada hat von Haus aus eine höhere Körperspannung. Bei den Dressurübungen kann es daher leicht passieren, daß sich das Pferd nicht versammelt, sondern schlichtweg verspannt. Je höher aber die Spannung wird, desto eher verfallen die Tiere in den Paß. Diese verspannten Paßgänger wider Reiter-Willen heißen daher auch recht anschaulich „Watschelpasser".

Ein Pferd mit Naturbatida ist weit lockerer und vielseitiger. Es kann ohne Probleme Wendungen und andere Gymnastikübungen ausführen. So kann man gut nachvollziehen, daß es leichter ist, einen Batidagänger zur Picada zu bringen als ein Picadapferd so zu lockern, daß es Batida gehen kann.

Balanceakt auf einem Huf – die Einbeinstütze („Queimodo" unter Pedro Werneck)

Ausbildung

Da Marchadores Naturtölter sind, braucht man ihnen die Marcha nicht beibringen, sondern nur ihre Kondition und Trittsicherheit trainieren. Kleine Fohlen gehen meist erst einmal Marcha Picada (Tölt) und

wechseln dann mit etwa einem halben Jahr über in die Marcha Batida (Trabtölt). Die ersten 2½ Jahre bleiben sie auf der Koppel, erst dann beginnt allmählich ihre Ausbildung. 2 bis 3mal die Woche üben sie an der Longe für kurze Zeit Schritt und ganz langsam Batida. Dann gewöhnt man sie an Trense und Sattel. Die ersten 6 Monate sollen sie überhaupt nicht galoppieren.

Wenn die Pferde 4½ Jahre alt sind, lernen sie, unter dem Reiter zu arbeiten. Ein angehendes Arbeitspferd muß schwieriges Gelände bewältigen, es muß klettern, kleine Sprünge und rasche Wendungen üben. Es soll sich an die Herde gewöhnen und selbständig arbeiten können: Milchkühe hereinzuholen ist kinderleicht, sie wollen zum Melken. Die Arbeit mit Rindern ist da schon schwieriger, sie sind ungestüm und müssen mit dem Lasso eingefangen werden.

In Vielseitigkeits- und Geländeprüfungen mit Sprüngen zeigt sich dann, ob die ausgebildeten Pferde dem Rassevergleich standhalten. Ob ihr Exterieur dem Zuchtziel entspricht, messen die Richter regelrecht nach. Pferde mit Ramsnasen, kuhhessigen Hinterbeinen oder einer falsch gewinkelten Schulter beispielsweise läßt man nicht zur Zucht zu.

Ausrüstung

Ideal ist ein brasilianischer Sattel. Er gleicht im Aussehen einem klassischen Westernsattel, doch liegt der Reiterschwerpunkt wie beim sogenannten Töltsattel weiter hinten: Der Reiter soll ganz gerade sitzen und die Zügel nur leicht annehmen. Als Gebiß eignet sich gut eine Wassertrense mit Kupferrolle. Während der Ausbildung sollte man so lange nur ein Halfter benutzen, bis sich das Tier willig biegt.

Steckbrief

Herkunft: Brasilien.
Verbreitung: Brasilien, USA, Deutschland, Schweiz.
Verwendung: Distanz-, Arbeits- und Reitpferd.
Stockmaß: Stuten 140 bis 154 cm, Hengst / Wallach 147 bis 157 cm.
Farben: Alle, in Brasilien bevorzugt Schimmel.
Exterieur: Mittelgroßer Kopf, breite Stirn, gerade Nase, große, ausdrucksvolle Augen; typisch: Ohren zeigen aufgerichtet mit den Spitzen nach innen. Gut angesetzter, leichter Hals. Mittellanger, tiefer Rumpf mit langer, schräger Schulter und langer Kruppe. Gut bemuskelte Vorder- und Hintergliedmaßen mit markanten, trockenen Gelenken; kräftige, elastische Fesseln, Hufe fest und mittelgroß.
Eigenschaften: Die freundlichen, sanften Naturtölter sind fleißig, unkompliziert und lassen sich beim Ausritt ins Gelände sicher und leicht lenken.
Gangarten: Schritt, Marcha Batida (Trabtölt), Marcha Picada (Tölt), Galopp; falls erwünscht Trab.
Haltung: Robust möglich.
Anzahl: In Deutschland etwa 80 Pferde.

Der freundliche Brasilianer

Oft steigen Reiter von Warmblutpferden, denen Isländer oder Pasos ungewohnt klein vorkommen, auf den „bequemen Großen" um. Auch ältere Anfänger fühlen sich auf den Mangalarga Marchadores wohl, runterfallen kann man so gut wie nicht. Da die gutmütigen Arbeitstiere ihre Kräfte einteilen und gute Nerven haben, wird man keinen durchgehenden, buckelnden oder steigenden Marchador unter dem Reiter sehen. Zum entspannten Ausreiten ist der „Mercedes-Automatik" also einfach ideal: Er läuft von alleine immer geradeaus. Nur, tölten lernen sollte man trotzdem.

Der unkomplizierte und sanfte Marchador ist ein idealer Partner für groß und klein

MANGALARGA MARCHADOR

Schrittfolge Marcha Picada

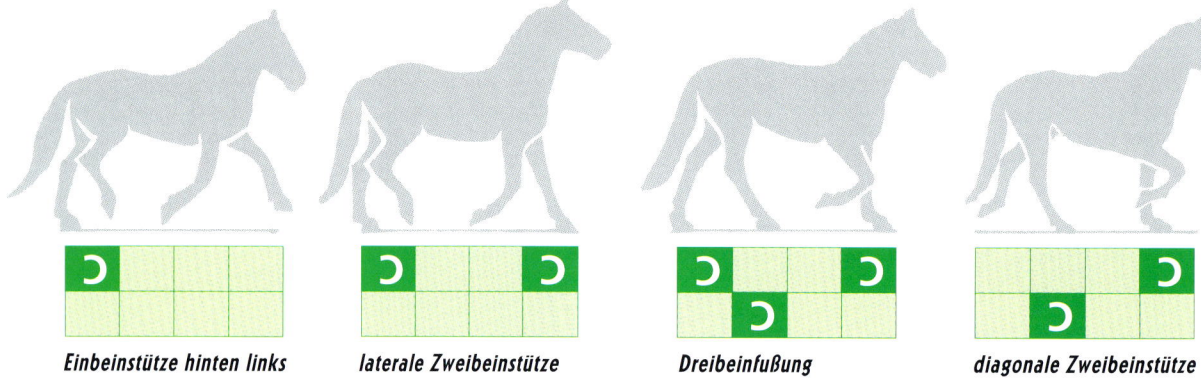

Einbeinstütze hinten links *laterale Zweibeinstütze* *Dreibeinfußung* *diagonale Zweibeinstütze*

Die Marcha Picada, kurz Picada genannt, ist ein Viertakt in 8 Phasen. Die Schrittfolge kann sich vom Isländertölt dadurch unterscheiden, daß die Tölt-Einbeinstützen durch Dreibeinfußungen ersetzt sein können. Ob ein Pferd eine Einbeinstütze oder statt dessen eine Dreierfußung zeigt, hängt von der Geschwindigkeit, von der individuellen Balance und auch von der anatomischen Schulterneigung des einzelnen Tieres ab. Häufig treten nur nach der lateralen Zweibeinstütze Dreibeinfußungen auf.

Schrittfolge Marcha Batida

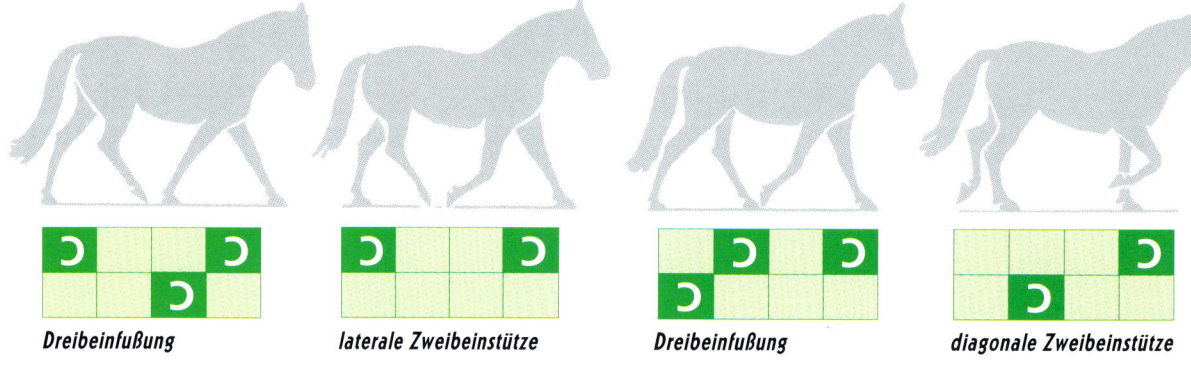

Dreibeinfußung *laterale Zweibeinstütze* *Dreibeinfußung* *diagonale Zweibeinstütze*

Die Marcha Batida, kurz Batida, ist ein Viertakt mit 6 bzw. 8 Phasen. Die Schrittfolge entspricht dem Trabtölt. Da die 4 Fußungsphasen ungleich lang sind, sollte man besser vom Vierschlag als vom Viertakt sprechen. Die diagonale Fußung dauert relativ lang, die laterale wird überlaufen. Das heißt, das Pferd fußt hinten auf und sofort wieder ab, wenn das gleichseitige Vorderbein das Körpergewicht übernimmt. Die Bewegung ist mehr nach vorne gerichtet als in der Picada.

Einbeinstütze hinten rechts **laterale Zweibeinstütze** **Dreibeinfußung** **diagonale Zweibeinstütze**

Den typischen Picada-Viertakt erkennt man am besten durchs Hinhören: Man denkt sich einfach „*Black und Decker, Black und Decker* usw.

Allerdings neigen viele Picadapferde dazu, ein bißchen passig, also mehr oder weniger Paßtölt zu gehen.

Deshalb sprechen die Brasilianer auch von dem Idealgang oder der Marcha Media (= in der Mitte zwischen Picada und Batida), wenn ein Pferd taktklar töltet, ohne die laterale oder diagonale Zweibeinstütze zu betonen.

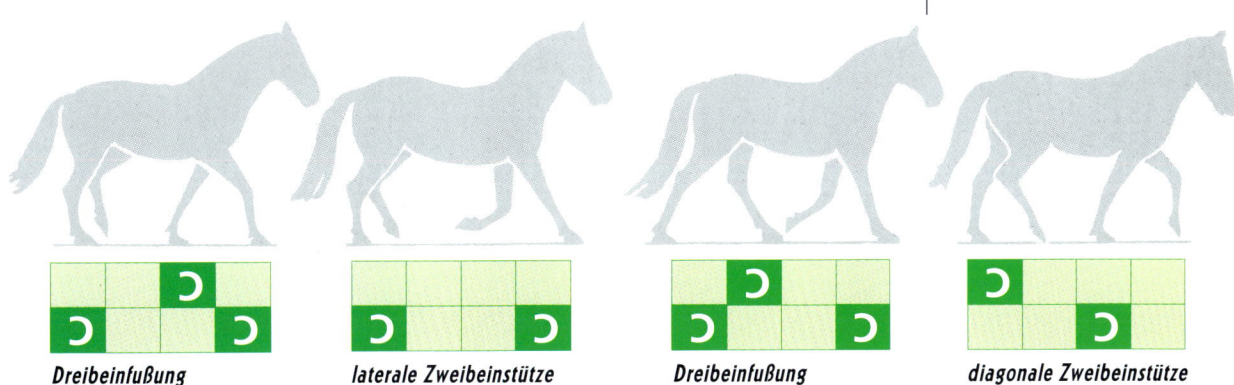

Dreibeinfußung **laterale Zweibeinstütze** **Dreibeinfußung** **diagonale Zweibeinstütze**

Einige Pferde gehen statt oder neben Batida auch Trab ohne Schwebephase (vergleiche Trote der Paso Finos). Die Batida wird dann zum Viertakt mit 4 Phasen. Abhängig vom Tempo und der Balance kann das Pferd über eine Vierer- oder

Dreierfußung von einem diagonalen Beinpaar zum anderen wechseln. Das ist auch über eine laterale Zweibeinstütze möglich: Die Paßfußung entsteht dann, wenn das „alte" Hinterbein in dem Moment abhebt, in dem das „neue" Hinterbein aufsetzt.

TENNESSEE WALKING HORSE

Die Rasse wurde erst 1935 offiziell durch Öffnen eines Stutbuchs anerkannt, das 1950 geschlossen wurde. Stammvater war der Standardbredhengst „Black Allan" (1886), der Morgan und Hambletonian im Stammbaum führte. Als Vererber seines Sattelganges bewährte er sich allerdings sehr, obwohl man das anfangs nicht zu schätzen wußte. Später kreuzte man Englisches Vollblut, Amerikanische Traber und Saddlebred sowie amerikanische und kanadische Paßgänger ein – zum heutigen Tennessee Walker. Im Typ sind Tennessee Walker bis heute unterschiedlich, da man sie ausschließlich auf Gänge und Charakter gezüchtet hat. Die Pferde aus alten Blutlinien sind oft noch recht muskulös. Heute bevorzugt man ein feingliedriges Pferd im Vollbluttyp. In den 50er Jahren kamen die Amerikaner auf die Idee, für Shows die Aktion ihrer Pferde noch zu verbessern. Dazu beschweren sie die Vorderfesseln mit Pads, Glocken, Ketten bzw. schnallten gewichtige Eisen darunter, so daß die Pferde ihre Beine mit mehr Kraft heben müssen. Mitte der 70er Jahre kamen die ersten Tennessee Walker nach Europa.

TENNESSEE WALKING HORSE

Der Walker läßt sich auch bei Ritten durch unbekanntes Gelände durch nichts aus der Ruhe bringen

Die ersten „deutschen" Walker entdeckte man bei einem Traberzüchter in Schleswig Holstein. Die Pferde waren die Hinterlassenschaft eines amerikanischen Soldaten und fielen dadurch auf, daß sie „wie ein Kamel gingen". Mit ihnen sowie zusätzlichen Importpferden züchtete man in Deutschland Tennessee Walker, die jedoch alle amerikanische Papiere besitzen.

Der Tennessee Walker unterscheidet sich von allen anderen Pferden durch seinen einzigartigen Charakter. Den Amerikanern ist es gelungen, ein so gutmütiges Pferd zu züchten, daß man nahezu alles mit ihm anstellen konnte. Das bedeutet, ein Tennessee Walker scheut so gut wie nicht – und wenn doch, kriegt er sich schnell wieder ein.

In den USA unterscheidet man Freizeitpferde (90 bis 95%) und Showpferde. Diese Plantation Walker sind Flat Shod (flach beschlagen) oder auch Light Shod. Andere Walker werden in Amerika für Shows mit bis zu 15 cm hohen Plastikplatten (Pads) beschlagen. Allerdings verwenden die Amerikaner oftmals so schwere, flache Eisen, daß sie die gleiche Wirkung haben wie die Pads. Infolgedessen heben die Pferde die Beine extrem hoch, sie zeigen „ausdrucksvollere Gänge". Obwohl das keine Schmerzen bereitet, sind diese unnatürlichen Praktiken abzulehnen. Als Freizeitpferd sollte man deshalb ein Light-Shod-Pferd wählen.

Gangarten

Im Gegensatz zu den anderen Gangpferden, die neben ihrem typischen 5. Gang auch noch Schritt, Trab und Galopp gehen sollen, kommt der Tennessee Walker mit Walk und Canter aus.

Der Walk gleicht in der Fußfolge vollkommen dem Schritt, im Tempo aber dem Trab. Gut zu erkennen ist der Walk an dem rhythmischen Kopfnicken des Pferdes. Neben dem normalen Flat Walk kann das Pferd sich übergangslos zum Running Walk steigern. Immer sollen die Hinterbeine jedoch so weit nach vorne greifen, daß sie vor den Abdrücken der Vorderbeine auffußen. Der Walk gilt als die weichste Gangart überhaupt. Da das Pferd hier stets zwei bzw. drei Beine auf dem Boden hat, nicht wie beim Tölt zwischendurch in der Einbeinstütze fußt, schont es auf diese Weise seine Beine. Daher kann ein Tennessee Walker stundenlang auf relativ hartem Boden walken, ohne Probleme zu bekommen. Er wurde auf Ausdauer gezüchtet, um mit ihm den ganzen Tag lang die Plantagen abzureiten. Der Walker ist damit das ideale Pferd für Wander- oder Distanzreiten.

Der Canter, ein sanft rollender, sehr langsamer und versammelter „Schaukelstuhlgalopp", ist relativ einfach zu erlernen. Die europäischen Walkerhalter sind sich über den Walk nicht ganz einig. Die einen vertreten die Ansicht, daß eine Einbeinstütze auch im Tempo unzulässig sei, weil andernfalls der Walk kein Walk mehr ist. Die anderen akzeptieren es einfach, daß bei hohem Tempo bzw. etwas stärker angenommener Reitweise nachweislich Einbeinstützen auftreten können.

Es gibt keine wissenschaftlichen Untersuchungen darüber, ob die Einbeinstütze die Beine besonders belastet. Wenn das Gelände sich dafür nicht eignet, wird jedes Pferd instinktiv in eine andere Gangart oder eben in die Dreierfußung wechseln. Die Amerikaner haben eine unbekümmerte Einstellung zu den Schrittfolgen, sie nennen alles Walk, was langsamer als Galopp ist.

Der langsame „Schaukel-stuhlgalopp", der Canter, ist selbst im Damensattel bequem zu reiten

Ausbildung

Die Pferde werden schon mit 2 Jahren behutsam angeritten. Man arbeitet sie mit langem Zügel und läßt sie auch eine kleine Kutsche ziehen, damit sich der Bewegungsapparat und die Gänge gut entwickeln. Nach monatelangem Flat Foot Walk, 3 bis 12 Monaten Running Walk und 2 Jahren Fahren beginnt man schließlich mit dem Canter-Training. Sogenannte Naturwalker gehen nur Walk, man findet aber auch Paß-, Trab- und Töltveranlagung. In USA hat das National Horse Show Regulatory Committee (NHSRC) mittlerweile sogar Töltklassen bei den Prüfungen eingeführt, um den Walker als vielseitiges Freizeitpferd zu demonstrieren. Dieses „Versatility-Horse" oder Vielseitigkeitspferd muß jedoch in allen Disziplinen Punkte und Preise holen. Auf den Schrittprüfungen legt man Wert darauf, daß die Pferde in angemessener Geschwindigkeit, also bis zum Galopptempo im Walk gehen.

Ausrüstung

Da nur ein gut balanciertes Pferd Walk gehen kann, sollte man es „nach hinten satteln", damit die Schulter möglichst viel Bewegungsfreiheit behält. Dafür eignen sich beispielsweise Western-, Distanzsattel oder Flatsaddle wesentlich besser als ein Vielseitigkeitssattel. In USA wechseln Trainer immer wieder das Gebiß, je nachdem, was sie dem Pferd beibringen wollen, aber auch aus dem Grund, damit die Pferde etwas zu spielen haben und auf diese Art aufmerksam bleiben. Als Freizeitreiter wählt man am besten ein schonendes Gebiß.

Steckbrief

Herkunft: USA.
Verbreitung: USA, Europa, Vereinigte Arabische Emirate.
Verwendung: Leichtes Reit- und Wagenpferd.
Stockmaß: 140 bis 170 cm.
Farben: Alle, bevorzugt: Rappe, Fuchs, (Rot-)Schimmel, (Dunkel-) Brauner.
Exterieur: Kopf mit geradem Profil, spitze Ohren, freundliche Augen, große Nüstern. Muskulöser, schön gewölbter Hals, am Ansatz ziemlich breit. Hoher, aber nicht sehr ausgeprägter Widerrist, gerade Rückenlinie, kurzer muskulöser Rücken, gut bemuskelte, abfallende Kruppe, sehr hoch angesetzter und getragener Schweif. Breite, kompakte Brust, viel Gurtentiefe, lange, schräge, starke Schulter. Stabile, kräftige Beine, kurze Röhrenknochen, breite Gelenke, Sehnen gut sichtbar, schön proportionierter, harter Huf.
Eigenschaften: Natürliche Gangveranlagung, elegantes, gutmütiges, bequem zu reitendes Pferd.
Gangarten: Flat Foot Walk, Running Walk, Canter.
Haltung: Robust möglich.
Anzahl: In Deutschland etwa 200 Pferde.

*Der Tennessee Walker ist
die Gutmütigkeit in Person
und nicht zuletzt dadurch
ein sehr beliebtes Freizeitpferd*

Der Gutmütige

Der Tennessee Walker ist auf Gänge und auf sein gutmütiges Wesen hin gezüchtet. Das Exterieur kann dementsprechend unterschiedlich ausfallen. Sein Charakter und seine Gänge prädestinieren ihn für Anfänger und ängstliche Reiter, wobei seinen un-komplizierten Charakter Dressur-, Spring- und Westernreiter natürlich genauso schätzen.

Die Trailpferde vom alten Schlag züchtet man weiterhin mehr auf Charakter als auf Temperament, der leichtere Typ steht dagegen etwas höher im Blut.

TENNESSEE WALKING HORSE

Schrittfolge Flat Foot Walk

Dreibeinstütze

laterale Zweibeinstütze

Dreibeinstütze

diagonale Zweibeinstütze

Der Walk ist ein Viertakt. Schon der Name sagt, daß die Fußfolge der des Schritt entspricht. Bei der diagonalen Fußung setzt der Vorderhuf zeitlich kurz vor dem gegenüberliegenden Hinterhuf auf. Das bedeutet, jeder Huf fußt einzeln, nicht paarweise wie bei Paß und Trab. Das Pferd nickt

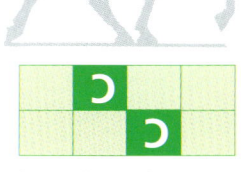

Dreibeinstütze   *laterale Zweibeinstütze*   *Dreibeinstütze*   *diagonale Zweibeinstütze*

dazu – als Balancehilfe – mit dem Kopf. Fehlt das Nicken, geht das Pferd keinen korrekten Walk. Der Flat Foot Walk entspricht einem flotten Arbeitstempo und ist sehr raumgreifend. Die Hinterhufe sollen möglichst weit vor den Abdrücken der Vorderhufe aufsetzen.

Bewegungsstudie des Flat Foot Walks („Redward" unter Hans Jork)

Running Walk

Dreibeinstütze (DBS)

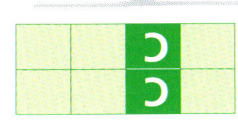

Dreibeinstütze   *laterale Zweibeinstütze*   *Dreibeinstütze*   *diagonale Zweibeinstütze*

Der Running Walk ist die Rennversion des Flat Foot Walk, ebenfalls ein klarer Viertakt. Die Schritte werden rascher und raumgreifender. Auch hier fußt der Hinterhuf vor dem Abdruck des Vorderhuf. Ohne dieses starke Untertreten kann das Pferd keinen korrekten Walk gehen.

Running Walk

Einbeinstütze (EBS)

Einbeinstütze hinten links   *laterale Zweibeinstütze*   *Einbeinstütze vorne links*   *diagonale Zweibeinstütze*

Im verstärkten Tempo, aber auch im Arbeitstempo, sowie man das Pferd etwas stärker annimmt, können Einbeinstützen auftreten. Das verwundert nicht, da die nordamerikanischen Gangpferde zumindest weitläufig verwandt sind und American Saddlebred Horse und Missouri

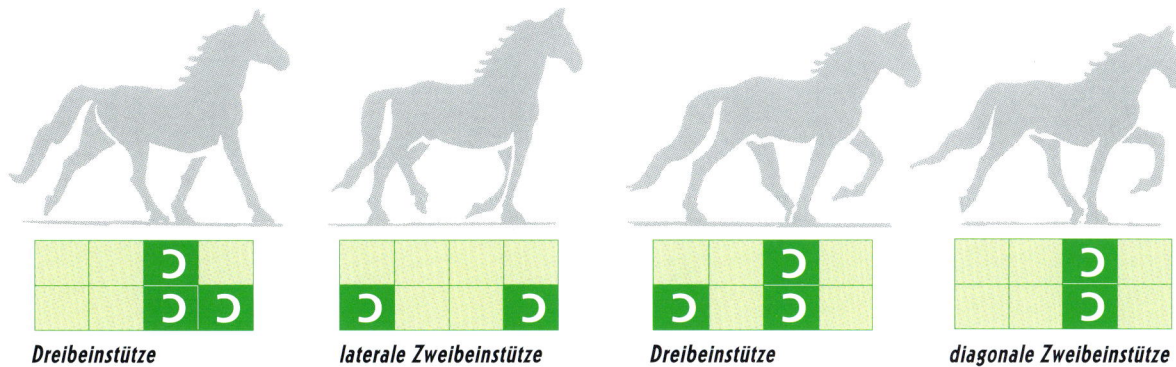

Dreibeinstütze   **laterale Zweibeinstütze**   **Dreibeinstütze**   **diagonale Zweibeinstütze**

Die Vorwärtsaktion soll aus der Schulter kommen, nicht nur aus den Beinen. Die Schulter soll „rollen", während das Pferd sich bewegt.

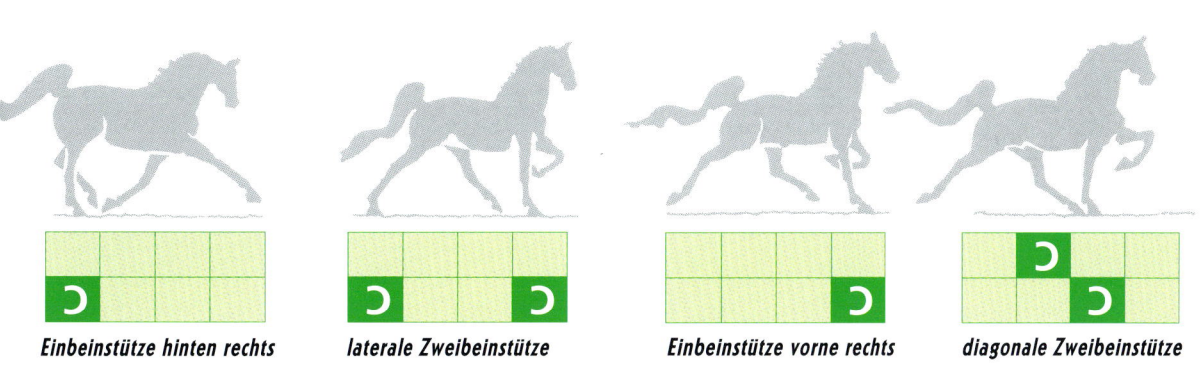

Einbeinstütze hinten rechts   **laterale Zweibeinstütze**   **Einbeinstütze vorne rechts**   **diagonale Zweibeinstütze**

Foxtrotting Horse, wie alle Tölter, Einbeinstützen zeigen.

Solche Gangvariationen, wie sie in den beiden Diagrammen oben zu sehen sind, gibt es auch bei allen anderen Rassen, beispielsweise beim Peruanischen Paso oder dem Mangalarga Marchador.

RACKING HORSE

Bereits vor dem amerikanischen Bürgerkrieg entstand in den Südstaaten, in denen American Saddlebred Horse und Tennessee Walking Horse die beliebtesten Rassen waren, das Racking Horse. Ein bequemes Gangpferd, um die weitläufigen Plantagen abzureiten. Racking Horse nannte man dann die Tennessee Walker, die Tölt gingen.

In den 50er Jahren begann die Karriere des Racking Horse in der Provinz. Immer mehr Amerikaner hielten ihre Pferde nur zum Vergnügen, zum Reiten und für Shows. Man gründete Reitclubs, um die Gangpferde in passendem Show-Rahmen präsentieren zu können. Parallel zu den „professional typ shows" für Tennessee Walker, American Saddlebred Horses, Araber und Quarter Horses, richteten sie regionale Shows für ihre Racking Horses aus. Die ländlichen Veranstaltungen waren weit weniger glanzvoll, dafür aber unglaublich populär. Hier durften wirklich Reiter und Pferde jeden Alters teilnehmen. Diese Darbietungen wurden immer beliebter, so daß sich die einzelnen Clubs zu großen Verbänden zusammenschlossen. Am 23. Mai 1971 wurde die Racking Horse Breeders Association of America (RHBA) offiziell als Zuchtverband anerkannt. Voraussetzung für die Aufnahme ins Zuchtbuch ist, daß ein Pferd, ohne übertriebene Aktion, den Naturrack in verschiedenen Tempi zeigt.

RACKING HORSE

Vom 18 Monate alten Baby bis zu den 80jährigen Urgroßeltern, das bequeme, liebenswürdige Racking Horse eignet sich einfach für die ganze Familie, zumindest laut Zuchtverband. Doch Vorsicht, ganz so ruhig wie das Tennessee Walking Horse ist das Racking Horse nun denn doch nicht. 99 verschiedene Klassen, von der Spitzengruppe bis zu den Senioren über 60, ermöglichen wirklich allen Familienmitgliedern den Showstart. Neben den Klassen unterscheidet man in den USA noch 5 Kategorien:

1. Das Trailpferd braucht nur 2 Gänge zeigen, mit bequemem Gebiß und flachem Beschlag.

2. Das Countrypferd soll versammelt, aber entspannt gehen. Auch nicht professionelle Pferde können in dieser Kategorie im Showring starten. Neben Schritt müssen sie Slow Rack und Fast Rack zeigen. Sie sind ebenfalls nur flach beschlagen.

3. Das Parkpferd soll den Kopf höher tragen und sich gefällig und temperamentvoll in 3 Gängen (u.a. dem Parkschritt) präsentieren, der Reiter trägt Anzug und Melone.

4. Showpferde zeigt man am leichten Zügel in 3 Gängen, Pads sind in dieser Klasse erlaubt.

5. Mehr Aktion zeigen die Stylepferde, ebenfalls mit Pads.

Gangarten

Der Rack ist ein „bi-lateraler Vierschlag-Gang, weder Trab noch Paß", sondern klassischer Tölt. Synonym verwendet man den Namen „Single Foot", denn es fußt jeder Huf einzeln auf. Das Racking Horse, aber auch ganz allgemein die Gangpferde heißen daher auch Single Foot Horses.

Das Racking Horse zeigt den Rack in 3 Tempi: Den langsamen Slow Rack, den Rack und als Renntempo den Fast Rack. Der Slow Rack entspricht dem Slow Gait des American Saddlebred Horse, allerdings zeigt das Racking Horse weniger Aktion. Das Renntempo, beim Racking Horse der Fast Rack, heißt beim American Saddlebred einfach Rack. Das ist zugegebenermaßen etwas verwirrend.

Außer Rack gehen diese Pferde natürlich Schritt. Aufgrund der starken Paßveranlagung des Racking Horse ist Galopp nicht unbedingt seine Stärke, er wird auch nicht gefordert.

Steckbrief

Herkunft: USA.
Verbreitung: USA, Kanada, Australien, Europa.
Verwendung: Familienreit- und -showpferd.
Stockmaß: 140 bis 170 cm.
Farben: Meist Rappe, Brauner, Fuchs.
Exterieur: Gut gebautes, leichtes Pferd, mit langem, muskulösem Hals; breite, tiefe Brust, gut gebaute Beine und besonders feines Haar.
Eigenschaften: Freundlicher, ausgeglichener Naturtölter.
Gangarten: Schritt, Tölt.
Haltung: Robust möglich.
Anzahl: Weltweit 66 000.

Das Racking Horse war anfangs das einzige Showpferd, das ohne Vorschriften und Reglement seine Showrunden drehte. Heute gibt es aber auch für sie bereits mehrere Kategorien

Der Ausgeglichene

Als ein Tölter vom Schritt- bis zum Galopptempo ist das Racking Horse sicherlich ein besonders angenehmes Freizeitpferd. Wieweit es sich als Anfängerpferd eignet, muß man von Fall zu Fall entscheiden.

Die Schrittdiagramme gleichen weitgehend denen des American Saddlebred Horse, diese finden Sie auf den Seiten 94 bis 95.

AMERICAN SADDLEBRED HORSE

Die Ursprünge der Rasse führt man bis ins frühe 18. Jahrhundert zurück, die der Gangveranlagung sogar bis ins 17. Jahrhundert. Damals brachten die englischen Siedler Galloways und Hobbies mit in die neue Welt – kleine Robustpferde, die beide Veranlagung zu Paß und Tölt zeigten. Aus Kreuzungen mit größeren niederländischen und französischen Pferden entstand der Narragansett Pacer. Ihn kreuzte man im 18. Jahrhundert mit englischem Vollblut zum Typ des American Saddlebred Horse. Auch Kreuzungen mit Morgans, Standardbreds und Huckneys trugen zum American Saddlebred bei, das sich im amerikanischen Bürgerkrieg (1861 bis 1865) auf beiden Seiten gleich gut bewährte.

Man unterscheidet seit Ende des 18. Jahrhunderts 2 Hauptlinien: die des Stammvaters „Chief" und die von „Denmark". Durch das American Saddlebred wurde Kentucky zum größten Pferdezuchtland der USA, aber auch in Missouri, Tennessee und Ohio gründete man Gestüte. Ziel war ein hartes, ausdauerndes und vielseitiges Gebrauchs- und Wagenpferd, das aufgrund seines Tölts ideal zu reiten war. Dies erklärt ferner den Namen Saddlebred = als Reitpferd also für den Sattel gezüchtet, den man in den Südstaaten nur den besonders bequemen, paßveranlagten Pferden verlieh. Ein ideales Reitpferd also.

Dieses Zuchtziel änderte sich Mitte des 19. Jahrhunderts: Man führte das Saddlebred nun auf den landwirtschaftlichen Ausstellungen vor – seine Showkarriere begann und sein Preis stieg. Daher schlossen sich 1891 die Halter zur American Saddlebred Horse Association zusammen, dem ersten Pferdezuchtverband der USA.

AMERICAN SADDLEBRED HORSE

Eine ausgezeichnete Demonstration des Racks (unten) ohne die übertriebene Aktion der Showpferde: Joachim Jäckle auf „L.G.'s Imagine That"

Das American Saddlebred zeigt Charme und Ausstrahlung, Intelligenz und Eleganz, kurz es ist das Showpferd. Seit 1856 begeistert es mit seinen Darbietungen Pferdefreunde. Das Saddlebred-Ereignis schlechthin ist die Weltmeisterschaft, zu der jeden August rund 2000 Pferde nach Louisville in Kentucky kommen. Die Saddlebreds nehmen an verschiedenen Wettkämpfen teil, typisch sind Drei- und Fünfgangsprüfungen. Trab und Tölt sollen mit großer Aktion, hoch aufgerichtet, mit viel Ausdruck und exakt im Takt präsentiert werden. Die Preisgelder übertreffen interessanterweise sogar die Gewinnquoten von Rennpferden.

In der Fine Harness Class (harness = Geschirr, anspannen) traben die Saddlebreds vor dem Wagen. Selbst hier geht es nicht um die Geschwindigkeit, sondern um die hohe, gestochene Bewegung der Beine.

Das American Saddlebred hat den Ruf, das schönste Pferd der Welt zu sein. Doch nicht nur deshalb findet man es unter der Prominenz – die Darsteller von „Fury", „Flicka" und „Black Beauty" waren Saddlebreds –, sondern auch, weil es sehr menschenbezogen, intelligent und außerordentlich gutmütig ist.

Dabei ist sich ein Saddlebred seines Wertes durchaus bewußt und trägt nicht selten eine aufreizend arrogante Miene. Vor Publikum produziert es sich mit Genuß! Es stellt sich in Positur oder zieht seine Show ab: Kopf und Beine hoch geworfen, das alles aber ohne die geringste Aufregung – nur zum Spaß eben.

Kein Wunder, daß Amerikaner, die sich mit geradezu kindlicher Freude an Show und Superlativen ergötzen können, hier über die vernünftigen Stränge schlagen: Sie schminken die Pferde und entfernen teilweise Mähne, Tasthaare, das Innenkleid der Ohren sowie die Wimpern, um ein absolut aristokratisches Aussehen zu erreichen. Auf der Koppel würde so ein Nackedei das Opfer von Fliegen und Bremsen, also bleibt er im Stall. Damit der Schweif in hochstehender Würde getragen wird, durchtrennt man einen Muskel. Ein Metallgestell mit Lederhalteriemen, der „Tail Set" verhindert, daß der Muskel vor Beendigung der Showkarriere wieder zuheilt. Doch nicht nur bei der körperlichen Schönheit, auch bei den Gängen hilft man in Amerika tüchtig nach: Zentimeterlange Hufsockel und Fesselketten bzw. Gewichte zwingen die Pferde zu noch höherer Aktion. – Nach europäischem Verständnis ist das Tierquälerei, es demonstriert auf traurig anschauliche Weise, wie umgänglich ein Saddlebred ist – trotz seines vollblütigen Temperaments.

In den USA geht der Trend allmählich dazu, neben dem Showtalent wieder die Vielseitigkeit des Saddlebreds anzuerkennen. Es bewährt sich nach wie vor als Distanz-, Dressur-, Military- (Olympiateilnehmer 1988 Frankreich), Spring-, Western- und Fahrpferd.

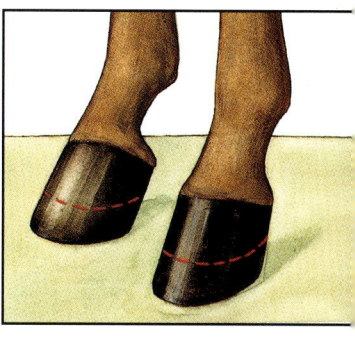

Zentimeterhohe Hufsockel (oben) und Fesselketten (unten) bzw. Gewichte zwingen die Pferde zu höheren Aktionen

Was das Saddlebred als Freizeitpferd auszeichnet, ist natürlich sein Tölt. Ohne die übertriebenen Aktionen, die man Showpferden antrainiert, ist der Saddle Gait genauso bequem zu sitzen wie bei anderen Gangrassen.

Gangarten

Die meisten Saddlebreds sind Vier-gänger, sie gehen Schritt, Trab, Tölt und Galopp. Bei Showpferden soll der Trab viel Knieaktion, aber auch Raumgriff und Tempo haben, der Galopp soll versammelt in verkürz-tem Tempo präsentiert werden.
Im Gelände trabt und galoppiert ein Saddlebred jedoch relativ normal, wenn man ihm das entspannte Lau-fen beigebracht hat.

Ausbildung

Viele Saddlebreds sind Naturtölter. Manche müssen jedoch erst eingetöl-tet werden und tun das dann ihr Le-ben lang. In den USA beginnt die Ausbildung der Pferde schon mit 2½ Jahren. Sie werden kurz angerit-ten, dann trainiert man mit ihnen vom Boden aus und spannt sie vor den Sulky. So entwickeln sich die Muskulatur und die erhabenen, wei-ten Bewegungen besser als unter dem Reitergewicht.

Ausrüstung

Für das Saddlebred eignet sich jeder Sattel, der es dem Reiter ermöglicht, hinten zu sitzen. Natürlich muß er darüber hinaus dem Pferd passen. Während der Ausbildung kann mit Bosal geritten werden. Auf Dauer sollte man jedoch ein Gebiß verwen-den, beispielsweise eine doppelt gebrochene Trense oder ein Pelham, wer im Westernstil reitet, eine Stange.

Der selbstbewußte und wache, seines Wertes durchaus bewußte Ausdruck der Saddlebreds ist selbst den Fohlen schon zu eigen

„Fury", der Filmheld aus den 60er Jahren, zählt zu den prominentesten Vertretern der Saddlebreds

Der Showstar

Das American Saddlebred ist, wie alle anderen Vollblüter auch, kein Anfängerpferd. Auch, wenn es nicht wirklich spinnt, sondern nur ein bißchen Theater macht, sollte es den Reiter dadurch nicht aus dem Gleichgewicht bringen können. Feine Hände und einen einfühlsamen Sitz verdienen alle Pferde. Nur fällt es einem ungeübten Reiter auf den ruhigeren Gangpferden einfach leichter als auf einem Saddlebred, das gerade Fury spielt. Wer sicher im Sattel sitzt und Sinn für Nobelmarken hat, der wird dem Charme und der Eleganz des Saddlebreds erliegen und fürderhin lächelnd die zweite Geige spielen.

Steckbrief

Herkunft: USA.
Verbreitung: USA, Australien, Kanada, Südafrika, Europa.
Verwendung: Showpferd, Springen, Dressur, Geländeprüfung, Freizeitpferd, Wagenpferd.
Stockmaß: 150 bis 165 cm.
Farben: Alle, einschließlich Palomino und Pinto, meist Brauner, Rappe, Fuchs, Schimmel.
Exterieur: Gut geformter Kopf, gerades Profil oder leichte Ramsnase; spitze Ohren, große Augen und Nüstern. Feines Maul, klare trockene Kieferlinie. Langer, hochgetragener, gebogener Hals; ausgeprägter Widerrist; lange, gut entwickelte Schulter. Gerade, lange Rückenlinie, gerade Kruppe; schön angesetzter, hoch getragener Schweif. Breite, tiefe Brust. Lange, schlanke Beine mit guten Knochen und Gelenken, Sehnen fest und sichtbar; lange, schräge Fesseln; fester Huf.
Eigenschaften: Ein Saddlebred soll tölten, leichttrittig, souverän und dynamisch sein mit bestechendem Bewegungsvermögen; dabei zufrieden, wach und menschenbezogen: „fromm, aber energisch".
Gangarten: Threegaited: Schritt, Trab, Canter.
Fivegaited: Schritt, Slow Gait, Rack, Trab, Canter.
Haltung: Robust möglich.
Anzahl: In Europa etwa 200.

AMERICAN SADDLEBRED HORSE

Schrittfolge Rack

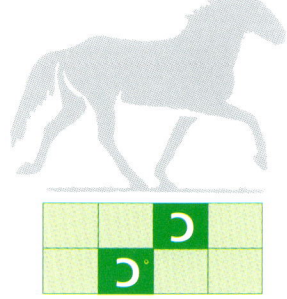

Einbeinstütze hinten links   *laterale Zweibeinstütze*   *Einbeinstütze vorne links*   *diagonale Zweibeinstütze*

Der Rack ist ein Viertakt mit 8 Phasen. Ein- und Zweibeinstützen wechseln sich ab, genau wie beim Isländertölt. In Amerika unterscheidet man den Tölt des American Saddlebreds in 2 Gangarten, die sich im Tempo und der Aktion, nicht aber in der Schrittfolge unterscheiden. Der

amerikanische Fünfgänger ist nach europäischen Kriterien also eigentlich ein Viergänger: Beim versammelten Slow Gait richtet sich die Bewegung nach oben, die Pferde heben die Ellenbogen dabei über die Brustlinie. In den USA versteht man unter Versammlung, anders als in Europa, die hohe Aufrichtung des Pferdes und sehr akzentuierte Bewegungen.

Schrittfolge Canter

Linkscanter

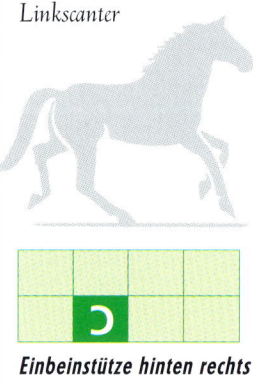

Einbeinstütze hinten rechts   *Dreibeinstütze*   *diagonale Zweibeinstütze*

Das American Saddlebred soll versammelt, in verkürztem bis mittlerem Tempo und mit hoher Kopfhaltung, aber leicht im Genick, galoppieren. Dieses Ideal wird allerdings ebenfalls vom Showpferd bestimmt. Im Ge-

gensatz zu anderen nordamerikanischen Rassen soll der Canter jedoch deutlich gesprungen werden. Er entspricht also dem normalen Galopp, den Warmblüter zeigen. Reitet man Saddlebreds im Westernstil, bringt

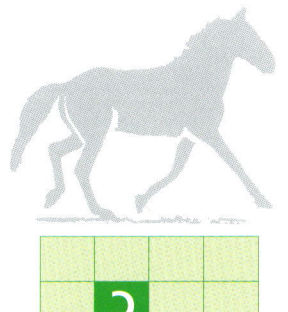
Einbeinstütze hinten rechts

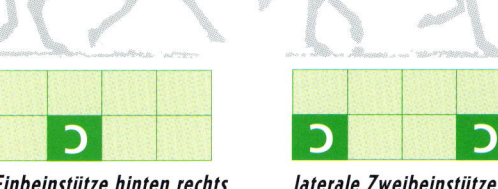
laterale Zweibeinstütze

Einbeinstütze vorne rechts

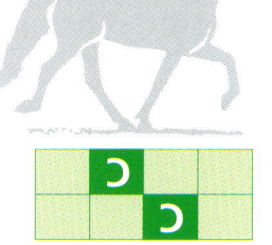
diagonale Zweibeinstütze

Der Rack ist ein Renntölt. Die Pferde gehen mit enormem Raumgriff, die Bewegung richtet sich nach oben und nach vorne. Im Renntempo treten die Hinterbeine so weit unter, daß das Pferd ähnlich wie beim Renntölt des Isländers von einem Bein auf das andere springt, also nur noch in Einbeinstützen dahineilt. In den USA legt man mehr Wert auf „gute Form und Haltung" als auf das Tempo.

Bei Freizeitpferden sind die Übergänge fließend, ohne daß man große Unterschiede in der Aktion erkennen kann: vom moderaten Arbeitstempo bis zum flotten Tölt. In den amerikanischen Pleasure-Prüfungen verlangt man von vornherein nur ein gemäßigtes Tempo.

Dreibeinstütze

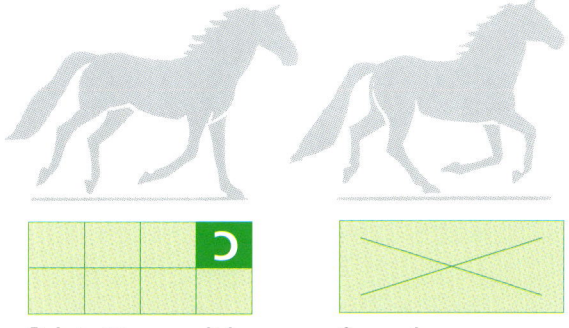
Einbeinstütze vorne links   *Sprungphase*

man ihnen jedoch den besonders bequemen und flachen Galopp, den Lope, bei.

Im Gelände kann ein entsprechend trainiertes Saddlebred, wie andere Pferde seines Kalibers auch, in beachtlichem Tempo einen gelösten, raumgreifenden Galopp zeigen.

Bei allen Gangarten sollen die American Saddlebreds viel Aufrichtung haben, aber mit lockerem Genick leicht am Zügel gehen.

SPOTTED SADDLE HORSE

Die Vorliebe für Schecken führte in Amerika dazu, etablierte Gangpferderassen der Südstaaten wie Racking Horses, Missouri Foxtrotting Horses, American Saddlebred Horses und vor allem Tennessee Walking Horses mit bunten Ponies spanischen Ursprungs zu kreuzen. So entstand ein geschecktes Pferd mit einem weichen Gang, dem Saddle Gait – einem Vierschlaggang. 1979 gründete man die National Spotted Saddle Horse Association in Murfreesboro, Tennessee. Ziel ist es, ein einheitliches Saddle Horse zu züchten, das von Natur aus Saddle Gait zeigt. Das Saddle Horse sollte im Grunde wie eine etwas kleinere, gescheckte Ausgabe des Tennessee Walkers aussehen. Das wird jedoch noch ein bißchen dauern, denn zur Zeit kann jedes Pferd, ohne Rücksicht auf seine Abstammung, registriert werden. Vorausgesetzt, es hat Flecken und zeigt einen Saddle Gait, das kann ein Flat Walk, Running Walk, Foxtrott, Paßtölt oder Tölt sein. Selbst Pferde, deren Eltern oder Alter unbekannt ist, können in die Association aufgenommen werden.

SPOTTED SADDLE HORSE

Schecken kommen bei jeder Rasse vor, man hat sie jedoch im biedermeierlichen 19. Jahrhundert in Europa systematisch weggezüchtet, denn nur hoffärtige „Narren und Gecken reiten auf Schecken". So waren es ursprünglich die Pferde der spanischen Eroberer, die im 16. Jahrhundert die Scheck-Farbe mit nach Amerika nahmen. Als erste begeisterten sich Indianer für diese Pferde, doch mit der Zeit fanden die Schecken oder Pintos (spanisch = bemalt) immer mehr Freunde. In den 70er Jahren entdeckte man sie auch in Deutschland wieder, und mittlerweile werden Pintos sogar in die Pferdestammbücher eingetragen.

Ein Schecke ist allerdings nur dann ein Schecke, wenn er ein überwiegend dunkles Fell mit weißen Flecken hat. Diese pigmentlosen Stellen müssen auf dem Rumpf liegen und eine bestimmte Größe haben: Entweder ein Fleck von mindestens 500 cm, 2 Flecken von etwa 200 cm oder 3 und mehr Flecken von je 100 cm. Die spiegelbildliche Variante, weißes Pferd mit dunklen Flecken, wird auch akzeptiert.

Genetisch unterscheidet man 2 Grundmuster: Bei der Overoscheckung steigt die Weißzeichnung vom Bauch aus die Seiten hoch, der Rücken und mindestens ein Bein bleiben farbig. Der Kopf hat eine breite Blesse oder ist ganz weiß, das Langhaar ist meistens dunkel. Die Overozeichnung vererbt sich rezessiv. Das Gen kann also über Generationen unbemerkt weitergegeben werden. Will man mit einem ungescheckten Overopferd züchten, muß man den Scheckungsnachweis – beispielsweise über ein Elternteil – erbringen.

Bei Tobianoschecken geht das Weiß vom Rücken aus oder kreuzt zumindest die Rückenlinie. Die Beine sind immer halb oder ganz gestiefelt. Der Kopf bleibt dunkel, er kann aber eine kleine Blesse haben. Mähne und Schweif sind meist zweifarbig. Die Tobianoscheckung ist bei europäischen Pferden weit häufiger, sie wird dominant vererbt, und die Flecken wirken ruhiger und großflächiger. Außerdem gibt es noch die Toberopferde, die beide Gene besitzen.

Gangarten

Genügen die Flecken den Anforderungen, muß ein Spotted Saddle Horse auch noch rechtzeitig in die Gänge kommen: Ein junges Pferd muß 2 Gangarten zeigen, ein 4jähriges alle 3 – Saddle Gait, Schritt und Galopp.

Beim Flat Walk soll das Pferd seine Beine elegant hochheben und hinten weit untertreten. In den USA wünscht man sich weiterhin noch den Show Pleasure: dies ist im Grunde ein Flat Walk, aber mit sichtbar mehr Feuer und Tempo. Beim Lope, einem gemäßigten, flachen Galopp, soll das Pferd die ganze Zeit unter Kontrolle bleiben.

Der gescheckte Tölter

Das A und O sind die Flecken. Wer Schecken einfarbigen Pferden vorzieht, für den ist das Spotted Saddle Horse das richtige Pferd. Da je nach Eltern die unterschiedlichsten Töltformen vorkommen können, geht Probieren über Studieren.

Steckbrief

Herkunft: USA.
Verbreitung: USA, Niederlande, Deutschland.
Verwendung: Reit- und Wagenpferd.
Stockmaß: 135 bis 154 cm.
Farben: Jede anerkannte Farbe mit Weißscheckung, die Weißzeichnung soll oberhalb der Fesseln plaziert sein und außerhalb der Kopfabzeichen, der Schweif muß am Ansatz die Grundfarbe zeigen. Die Scheckung kann Tobiano – großflächige Platten mit ruhigen Rändern, Overo – unsichtbare Scheckveranlagung oder Tobero – das Pferd hat sowohl Tobiano- als auch Overoscheckveranlagung – sein.
Exterieur: Muskulös, Kopf: gerade oder leicht konvexe Nase, weit stehende, sanfte Augen, schön geschwungener Hals. Hoher Schweifansatz.
Eigenschaften: Ein bequem zu reitendes Familienpferd.
Gangarten: Drei- bzw. Fünfgänger: Schritt, Flat Walk, Running Walk, Paß oder Tölt, Lope.
Haltung: Robust möglich.
Anzahl: Etwa ein Dutzend in Europa.

MISSOURI FOXTROTTING HORSE

Diese Rasse entstand Anfang des 18. Jahrhundert in Missouri und Arkansas. Als Siedler von Kentucky, Tennessee und Virginia nach Westen zogen, nahmen sie nur die besten Reitpferde mit. Diese gingen unter anderem auf Araber, Morgan und Plantation Horses aus den Südstaaten zurück. Um Exterieur und Ganganlage zu fördern, kreuzte man später American Saddlebred, Tennessee Walker und Standardbred ein. Im Gegensatz zu anderen Rassen zeigen die Foxtrotter kein einheitliches Aussehen, sie verbindet lediglich der charakteristische Gang, der Foxtrott. Auch die Nez Perce Indians selektierten um 1900 bei ihren Schecken auf Foxtrott. Noch heute zeigen wildlebende Mustangs in Montana und Kanada diesen Gang.

1948 gründeten die Züchter in Ava, Missouri, und 1970 in Marshfield, Missouri, die Missouri and American Fox Trotting Horse Breed Associations (MFTHBA). 1973 wandelte man den Züchterverband MFTHBA in einen Mitgliederverein um. 1983 wurde das Stutbuch geschlossen. Heute sind in USA über 38500 Pferde registriert. In den 80er Jahren entstand in Österreich aus einem Missouri-Foxtrotter-Hengst und töltenden Stuten eine weitere Rasse: der Österreichische Foxtrotter.

MISSOURI FOXTROTTING HORSE

In unwegsamem Gelände zeigt der Missouri Foxtrotter seine Stärken als ausdauerndes, bequemes und trittsicheres Trailpferd

Das bekannteste Westernpferd ist das Quarter Horse. Doch als Trailpferd, also für Geländeritte, verwenden Cowboys den Missouri Foxtrotter – den Cowboy-Rolls-Royce. Er ist so bequem zu reiten, daß man es ruhig 8 bis 10 Stunden im Sattel aushalten kann.

Die Rasse entstand in den zerklüfteten Ozark Hills. Hier brauchte man ein Pferd, das über lange Strecken schwere Lasten tragen kann. Und das in einem Gang, der für Pferd und Reiter gleichermaßen angenehm ist. So ein Pferd eignete sich für Viehhüter, Steuereintreiber, Landärzte, Sheriffs und alle anderen,

die zu einer Zeit lange Wege zurücklegen mußten, als es weder gute Straßen, geschweige denn komfortable Autos gab.

Nicht nur, weil diese Pferde sehr wendig, trittsicher, robust sind, hat der U.S. Forest Service inzwischen mehr als 1000 Foxtrotter in seinen Diensten, sondern auch, weil sie so freundlich und bequem sind, daß selbst die Reitanfänger unter den Beamten schnell mit ihnen zurechtkommen. Aus diesem Grund hat der Foxtrotter in den USA den Ruf, ein ideales Kinder- und Familienpferd zu sein. Man sieht sie jedoch auch auf speziellen Foxtrotter-Shows.

Gangarten

Der offizielle Standard beschreibt den Foxtrott so, als wäre es der Gang eines Fabelwesens: Das Pferd geht vorne im Schritt, und hinten trabt es. Der Foxtrott gilt als einzige Trabvariante unter den besonderen Gangarten, doch das ist Anschauungssache: Die Schrittfolge zeigt eindeutig die Tölt- und damit Paßverwandtschaft. Neben dem Foxtrott geht der Missouri Foxtrotter noch Flat Foot Walk und Canter.

Ausbildung

Auf der Weide zeigen die Fohlen alle 3 Gangarten, das Training beginnt jedoch mit dem Flat Foot Walk. Mit einer Geschwindigkeit von 7 bis 8 km/h ist er der langsamste Gang und entspricht dem Schritt. Während der diagonalen Fußung streift das Pferd den Boden mit dem rechten Vorder- und linken Hinterhuf, und mit dem linken Vorder- und dem rechten Hinterhuf. Das ist unglaublich angenehm für den Reiter.

30 bis 40 Tage lang reitet man ein junges Pferd im Walk um parkende Autos, Traktoren, andere Pferde und alle Dinge, die ihm im Alltag

Der Foxtrotter ist aufgrund seines freundlichen Wesens ein ideales Kinder- und Familienpferd

Ausrüstung

Für den Missouri Foxtrotter bietet sich der Westernsattel an. Das Gebiß richtet sich nach den reiterlichen Fähigkeiten sowie nach dem Reitstil, beispielsweise Wassertrense oder ein Stangengebiß.

Der trittsichere Bequeme

Der Foxtrotter eignet sich hervorragend als Anfänger- und Familienpferd, leider gibt es in Europa bisher nur sehr wenige Pferde. Der schlurfende Schritt macht den Foxtrotter superbequem und geländesicher, er sieht dabei eifrig und zufrieden, aber eben nicht so sonderlich elegant aus.

begegnen werden. So wird es furchtlos und zutraulich und scheut später nicht so schnell. Anschließend erweitert man seinen Gesichtskreis. Es lernt nun Straßen, fahrende Autos und die nähere Umgebung der Farm kennen.

Im 2. Ausbildungsmonat beginnt man verstärkt, den Foxtrott zu fördern. Nach etwa 10 Minuten Walk entspannt sich das Pferd und läßt sich in den Gang bringen: Man treibt etwas mehr und nimmt die Zügel leicht an, man „töltet an".

Etwa eine halbe Stunde täglich übt das Pferd nun Foxtrott. Als letztes kommt der Canter aufs Programm. Dieser runde Galopp ist eine natürliche Gangart des Foxtrotter, und die Pferde sollen ihn gehen, sobald sie kräftig genug sind. In der Regel beginnt man am Ende des ersten Jahres unter dem Sattel mit der Galoppausbildung. Um als Foxtrotter eingetragen zu werden, ist der Canter jedoch nicht nötig.

Steckbrief

Herkunft: USA.
Verbreitung: USA, Österreich, Deutschland.
Verwendung: Reit-, Trag- und Showpferd.
Stockmaß: 142 bis 162 cm.
Farben: Schimmel, Fuchs, Brauner, Rappe.
Exterieur: Trockener Kopf, große Augen, spitze Ohren, Nacken wohlproportioniert zur Körperlänge, kurzer, gerader Rücken, schräge, gut bemuskelte Schulter. Gut geformte, bemuskelte Beine mit harten Hufen. Weiches, seidiges Haar.
Eigenschaften: Ein leichttrittiges, ruhiges, aber energisches Pferd mit der typischen Gangart und ausdauernder Aktion.
Gangarten: Flat Foot Walk, Foxtrott, Canter.
Haltung: Robust möglich.
Anzahl: In Europa etwa 20.

MISSOURI FOXTROTTING HORSE

Schrittfolge Foxtrott

Dreibeinstütze

laterale Zweibeinstütze

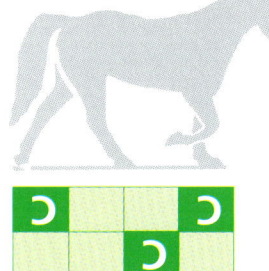

Dreibeinstütze

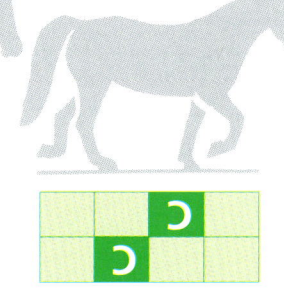

diagonale Zweibeinstütze

Der Foxtrott ist ein Viertakt mit 8 Phasen. Er entspricht dem Trab-tölt, die diagonale Fußungsphase dauert länger.

Das Tempo liegt zwischen 6 und 12 km/h und ermüdet weder Pferd noch Reiter.

Die Amerikaner bauen die Schritt-folge des Foxtrottes von der diagona-len Zweibeinstütze aus, sprechen da-her auch von einer Trabvariante. Ih-rer Theorie nach bricht ein Foxtrot-ter den Trab mit den Vorderbeinen. Da alle Pferde aber Hinterhufantrieb haben, sich also mit der Hinterhand kräftig und zuerst abstoßen, bleibt die Trabvariante Theorie. Das Ergeb-nis dieser Theorie ist die typische

ÖSTERREICHISCHER FOXTROTTER

Der österreichische Foxtrotter ist ei-ne Kreuzung aus Missouri Foxtrot-ting Horse und American Standard-bred. Bis jetzt gehen alle Pferde auf denselben Foxtrotter-Hengst zurück, der mit verschiedenen töltenden Stu-ten gepaart wurde.

Das Zuchtziel ist ein mittelgroßes Reitpferd, Stockmaß bis 1,55 m, mit dem man geruhsam im Tölt ausrei-ten kann. Es soll einen angenehmen Charakter und eine natürliche Gang-veranlagung haben. Der Österreichi-sche Foxtrotter wird wirklich als Freizeitpferd gezüchtet, während beim normalen Warmblutpferd oft die Pferde beim Freizeitreiter landen, die auf Turnieren nicht überzeugen.

Neben Schritt, Trab (nicht unter dem Sattel) und Galopp soll er an der Hand und unter dem Sattel auch noch Foxtrott und/oder Walk zei-gen, beide Gangarten ohne hohe Ak-tion. Das Pferd soll sich extrem tritt-sicher und weich gleitend bewegen, so daß der Reiter weder den harten Stoß des Trabens noch das harte Seitwärts-Verschieben des Paßgangs ertragen muß.

Für den Österreichischen Foxtrot-ter wurde ein Spezialsattel ent-wickelt, der optimal auf Pferd und auf die Erfordernisse der Freizeitrei-terei abgestimmt ist und sich daher auch für andere Gangpferderassen sehr gut eignet.

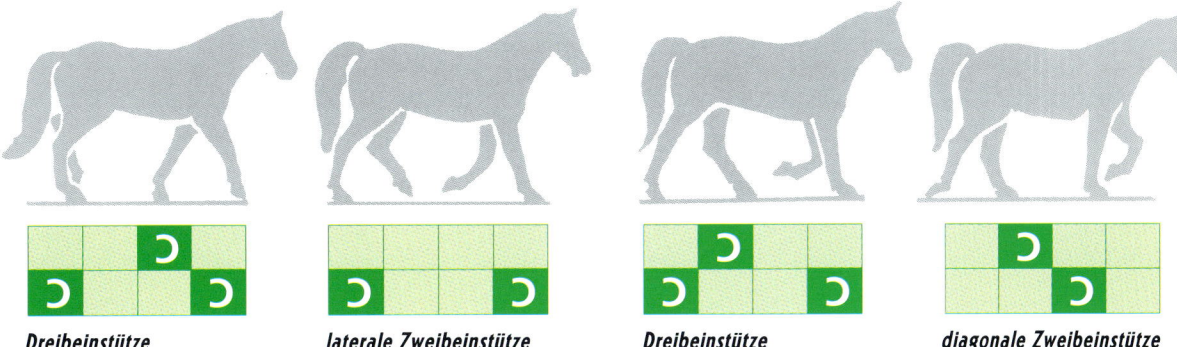

Dreibeinstütze   **laterale Zweibeinstütze**   **Dreibeinstütze**   **diagonale Zweibeinstütze**

Töltschrittfolge, somit sind sich in der Praxis alle einig.

Der Foxtrott ist kein High Stepper, das Pferd zeigt keine große Aktion, hebt die Beine also nicht besonders hoch, sondern geht vielmehr extrem trittsicher. Die schleifende Aktion der Hinterhufe macht es so äußerst bequem.

Kopf und Schweif sind erhoben und verleihen dem Foxtrotter eine anmutige Haltung. Das rhythmische Schlagen der Hufe verbunden mit dem Nicken des Kopfes läßt das Pferd entspannt erscheinen. Die Ohren sollen den Rhythmus zeigen, und auch der Schweif soll die Bewegung mitteilen.

Speziell für das Freizeitreiten gezüchtet, der Österreichische Foxtrotter

ANHANG

Wird über Pferde gesprochen, tauchen immer wieder bestimmte Begriffe und Bezeichnungen für Körperbau, Art, Charakter und Zustand des jeweiligen Pferdes auf. Außerdem gibt es eine Reihe von Fachausdrücken für die das Pferd und den Reiter betreffende Ausrüstung.

Früher gehörte der Umgang mit dem Pferd zum Alltag, heute ist dies eher die Ausnahme. So verwundert es denn auch wenig, daß diese Pferdefachsprache zum Teil aus unserem normalen Wortschatz verschwunden oder sie uns einfach nicht mehr geläufig ist – und deshalb dürften die nachfolgenden Erläuterungen nicht nur dem Pferdeneuling zum besseren Verständnis dienen.

An unserem „Anatomiepferd" illustrieren und benennen wir Ihnen das Exterieur, das äußere Erscheinungsbild eines Pferdes (Seite 110 bis 111).

Im Anschluß daran finden Sie ein ausführliches Glossar, das kurz und präzise die wichtigsten Fachbegriffe erklärt. Anschriften der bedeutendsten Gestüte und der Ansprechpartner für die verschiedenen Gangpferderassen runden den Informationsteil ab.

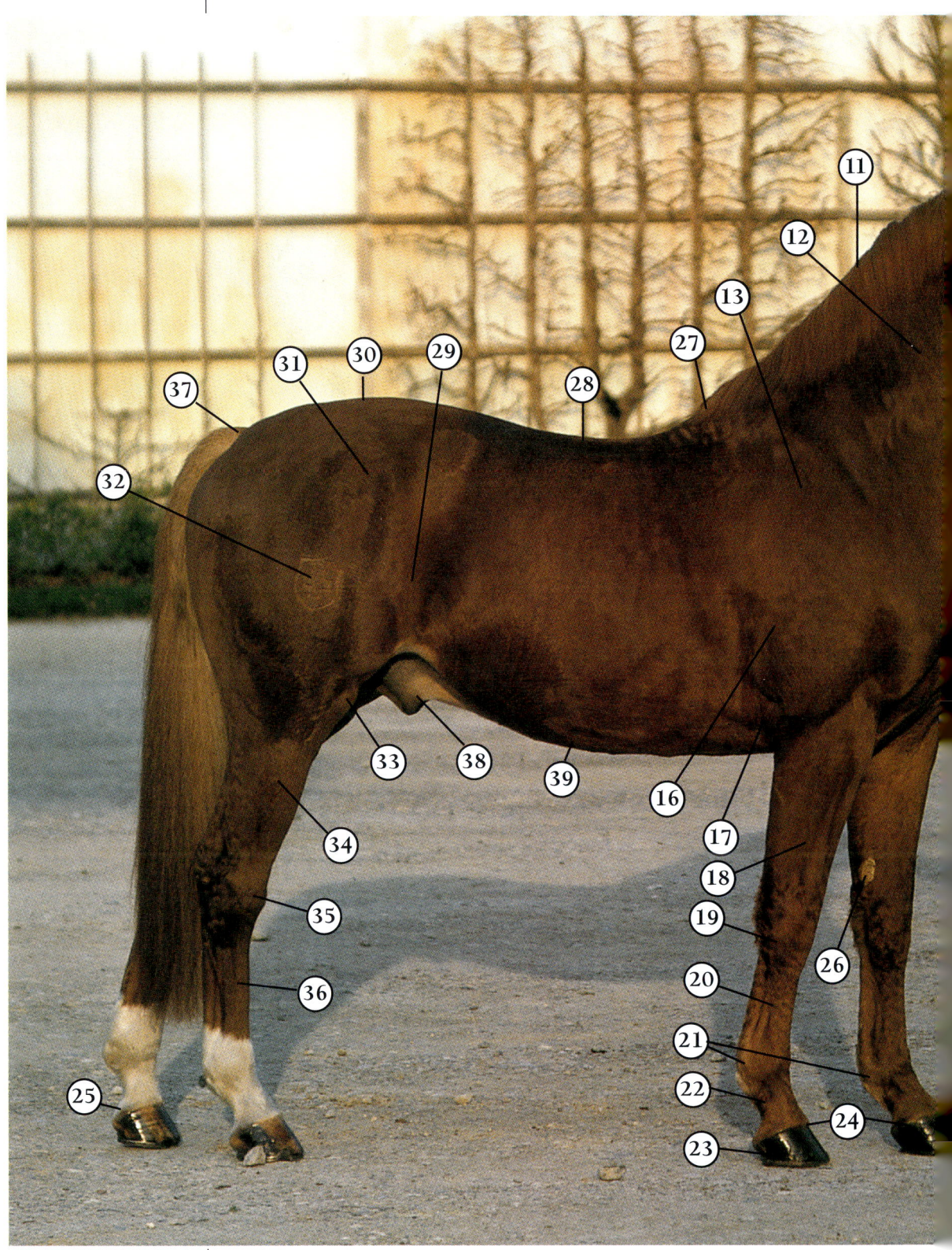

EXTERIEUR

1 Maulspalte
2 Unterlippe
3 Oberlippe
4 Nüster
5 Nasenrücken
6 Stirn mit Stirnschopf
7 Auge
8 Ohr
9 Genick
10 Ganasche
11 Mähnenkamm
12 Hals
13 Schulter
14 Bug
15 Brust
16 Oberarm
17 Ellbogen
18 Unterarm
19 Vorderfußwurzelgelenk
20 Vordermittelfuß (Vorderröhre)
21 Fesselkopf
22 Fessel
23 Huf
24 Kronenrand
25 Ballen
26 Kastanien
27 Widerrist
28 Rücken
29 Flanke
30 Kruppe
31 Hüfthöcker
32 Oberschenkel
33 Knie
34 Unterschenkel
35 Sprunggelenk
36 Hintermittelfuß (Hinterröhre)
37 Schweifansatz
38 Schlauch
39 Bauch

GLOSSAR

Absetzer: Fohlen, die gerade von der Stute abgesetzt werden (Abstillen bei Säugetieren). Die Fohlen sind in der Regel zwischen 5 und 8 Monate alt, wenn man sie von der Mutterstute entwöhnt. Entweder trennt man sie von einem Tag auf den anderen ganz von der Mutter, oder man läßt den beiden etwa 1 Woche Zeit: Man beginnt mit einer stundenweisen Trennung und steigert sie allmählich. Diese Fohlen werden Absetzer oder Absatzfohlen genannt, bis sie 1 Jahr alt sind. Das 2. Lebensjahr laufen sie dann unter dem Begriff Jährling.

Aegidienberger: Zur Rasse anerkannte ⅝-Kreuzung aus →Isländer und →Pasos. Jüngste Gangpferderasse.

Aktion: Besonders raumgreifende Bewegungen des Pferdes. Wenn ein Pferd die Beine sehr hoch hebt und/oder weit nach vorne führt, hat es viel Aktion. Die Lipizzaner in der hohen Schule z.B. zeigen hohe Aktion, das →Missouri Foxtrotting Horse hingegen bewegt sich sehr ökonomisch: ohne Aktion.

Junges American-Paso-Fino-Fohlen

Ambladura: (span.) Paß; Gang des Peruanischen Paso, gleichbedeutend mit Huachano.

American Paso Fino: Paso Finos, die aus den USA stammen; früher nannte man auch die Kreuzung aus →Paso Peruano und →Paso Fino so. Gangarten: →Paso Fino.

American Standardbred: Unter diesen Rassebegriff fallen sowohl die amerikanischen Traber als auch die amerikanischen Paßgänger.

American Saddlebred Horse oder American Saddle Horse: Elegantes, menschenbezogenes Reit- und Wagenpferd aus den Südstaaten Amerikas, Stockmaß 1,50 bis 1,65 m. Heute zeigt man diese Rasse vorwiegend auf Shows als Drei- und Fünfgänger.

Auseinanderfallen: Wenn der Reiter vergißt zu treiben, tritt das Pferd mit den Hinterbeinen nicht mehr unter den Körper. Es „zerfällt" sozusagen in eine vordere und eine hintere Hälfte.

Bosal: →Gebiß.

Brio: (span.: Mut, Stärke, Temperament) Typisch für den Charakter des →Peruanischen Pasos.

Bügeln oder Paddeln: Vorführen der Vorderfußwurzelgelenke im Außen-Halbkreis. Diese Bewegung kann, muß aber nicht die Gelenke verschleißen. In deutschen Zuchten lehnt man dieses „Fuchteln" ab.

Canter: Auch Kanter. Ruhiger, runder Arbeitsgalopp.

Classic Fino oder Fino Fino: Klassischer Schaugang des →Paso Fino, ein rasanter Viertakt in höchster Versammlung, jedoch mit möglichst wenig Vorhandaktion und ohne Raumgriff. Dabei tritt die aktive Hinterhand nur mäßig unter.

Classic-Fino-Pferde: Eigene Gruppe innerhalb der Rasse der →Paso Fino. Diese Showpferde unterscheiden sich deutlich vom →Pleasure- und Gebrauchspferd (→Classic Fino).

Countrypferd: Startklasse für Racking-Horse-Shows, in der auch nicht professionelle Pferde →Walk, →Slow Rack und Fast Rack zeigen können.

Diagonalgang: Der Trab und seine Varianten sind Diagonalgänge, da jeweils das diagonale Beinpaar gemeinsam auffußt (rechts hinten und links vorne sowie links hinten und rechts vorne) im Gegensatz zum Lateralgang →Paß.

Durchtribulieren oder Wechseln: Töltfehler. Das Pferd verspannt sich beim Tölt und „liefert Beinsalat": Es gerät über den Paßtölt in den Paß und wechselt nun in den Trab oder zurück in den Tölt.

Durchtrittig: Der Beugesehnenstrang im Fesselbereich kann von Geburt an oder nach einer Verletzung zu lang sein. Dann nähert sich die Fesselbeuge bei jedem Schritt bedenklich nah dem Boden, das Pferd tritt durch. Steht die Fessel nur etwas waagerechter als normal (der Winkel zwischen Fessel und Röhrbein beträgt 45 Grad), nennt man das weich gefesselt (→Fessel).

Exterieur: Das Äußere des Pferdes, das bei Prüfungen beurteilt wird.

Fessel: Verbindung zwischen Röhrbein und Kronbein, Zehengrundgelenk.

Fivegaited: Untergruppe des →American Saddlebred Horse, das Fünfgangpferd geht Schritt, Trab, Slow Gait, Rack und Galopp.

Flat Foot Walk: Gang des →Tennessee Walking Horse, raumgreifender Walk in flottem Arbeitstempo, das Pferd sollte im Rhythmus mit dem Kopf nicken.

Flatsaddle: →Sattel.

Format: Gedachte Linie vom Bug zum Sitzbeinhöcker, von dort jeweils eine senkrechte Linie zum Boden: eine direkt vor der Brust und die andere am Hinterteil hinunter. Je nach Pferd erhält man ein Quadrat oder ein Rechteck.
Folglich unterscheidet man Pferde mit *quadratischem Format* – Rumpflänge und Stockmaß sind gleich lang – von *langrechteckigen* Tieren, bei denen die Rumpflänge größer ist als das →Stockmaß. Heute bevorzugt man die extrem langrechteckigen Pferde.

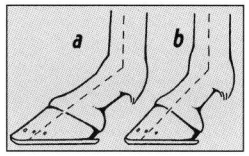

a) weiche Fessel – Plattfuß,
b) normal gewinkelte
Fessel – normaler Huf

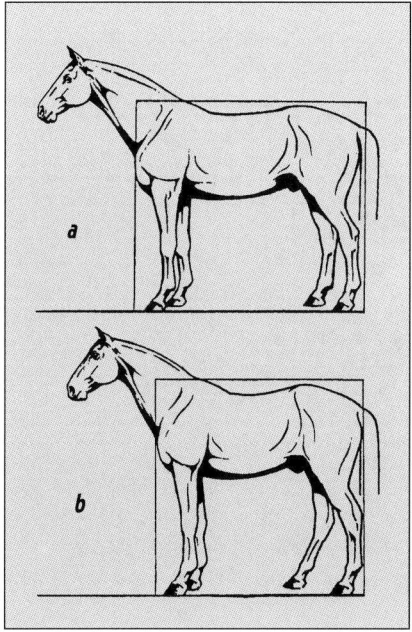

a) langrechteckiges Pferd,
b) quadratisches Pferd

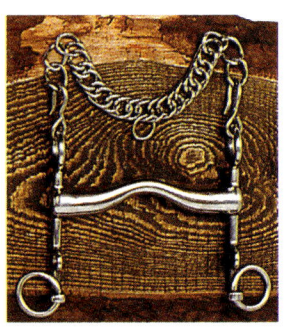

Kandare

Isländische Kandare

Western-Pelham

Foxtrott: Gang des →Missouri Foxtrotting Horse, Trabtölt-Variante in mittlerem Tempo.

Foxtrotting Horse: →Missouri Foxtrotting Horse und →Österreichischer Foxtrotter.

Freie Tölter: Pferde, die tölten, aber keiner Töltrasse angehören. Das können Kreuzungen mit Töltrassen, aber auch z.B. töltende Araber, Hannoveraner oder Andalusier sein.

Galopp: Normalerweise schnellste Gangart des Pferdes, bei dem das Pferd nach dem Sprung erst das äußere Hinterbein aufsetzt, dazu das

Bosal

innere Hinterbein und äußere Vorderbein und schließlich, weit nach vorne gestreckt, das innere Vorderbein. Es gibt einen Rechts- und einen Linksgalopp, je nachdem, von welchem Vorderbein der Absprung erfolgt.

Ganaschen: Hintere Begrenzung der Unterkieferäste.

Gebiß: Unterschiedliche Mundstücke, die dem Pferd ins Maul geschoben und mit dem Zaumzeug am Kopf festgeschnallt werden. Das Pferd sollte das Gebiß aktiv im Maul halten. Es muß daher dem Pferdemaul von der Größe her passen, und es muß dem Können des Reiters entsprechen, da die Einwirkung je nach Modell milde oder scharf sein kann. *Bosal:* Diese gebißlose Zäumung ist für Pferde besonders angenehm, wenn sie nicht zu straff angelegt wird. Sie besteht aus einem Riemen, der oberhalb des Mauls locker um Ober- und Unterkiefer läuft. Daran befestigt man 1 oder 2 Zügel. Beim peruanischen Bosal werden die Zügel seitlich vorne am Nasenriemen befestigt. Das Bosal überträgt den kleinsten Zügelruck auf das Nasenbein. Der Reiter hält hier nicht ständig den Kontakt zum Maul, sondern gibt nur hin und wieder eine feine Zügelhilfe.

Stangengebiß

Trense

Doppelt gebrochene Trense

Kandare: Sie besteht aus einem starren Stangenmundstück mit unbeweglichen Hebelanzügen und einer Kinnkette. Die Kandare hat eine starke Hebelwirkung auf den Unterkiefer und eignet sich daher nur für gute, feinfühlige Reiter. Für die Hohe Schule kombiniert man die Kandare mit einer Unterlegtrense und reitet folglich mit 4 Zügeln.

Isländische Kandare: Im Gegensatz zur herkömmlichen Kandare hat sie ein gebrochenes Mundstück und einen beweglichen Anzug rechts und links. Sie entspricht weitgehend dem Western-Pelham, allerdings hat sie fast keinen Oberbaum mehr.

Western-Pelham: Soll die Wirkungsweise von Wassertrense und Stangengebiß kombinieren. Das Mundstück ist einfach gebrochen, statt der D-förmigen Ringe hat es an der Seite einen Anzug, in die man einen Kinnriemen oder eine Kette einschnallt. Entweder man schnallt die Zügel direkt am Mundstück ein, dann hat man die Trensenwirkung, oder man schnallt sie unten ein und hat dann die Hebelwirkung des Stangengebisses. Man kann das Pelham auch mit 4 Zügeln reiten.

Stangengebiß: Das Mundstück ist aus einem Stück, einer Stange, die seitlich starr mit den Anzügen verbunden ist. Die Zäumung sollte immer einhändig geführt werden. Das Zügelannehmen wirkt ausschließlich als Hebel auf den Unterkiefer. Voraussetzung ist dazu, daß der Reiter immer die Verbindung zum Maul hält. Das Stangengebiß eignet sich nicht zum Reiten am langen Zügel.

Trense: Sie ist ein Gebiß mit relativ milder Einwirkung. Das Mundstück besteht aus zwei Kettengliedern. Man nennt das gebrochen. Neben der normalen, einmal gebrochenen Trense, gibt es auch die doppelt gebrochene Trense:

Das Mundstück besteht aus 3 Teilen, hat also 2 Gelenke. An der Seite haben Trensen d-förmige Ringe, in die das Kopfstück eingeschnallt wird.

Das Annehmen der Zügel wird durch die Gelenke gemildert, die Spannung baut sich allmählich auf, bis sie dann als Hebel auf den Unterkiefer wirkt. So wird das Pferd nicht unangenehm von einer plötzlichen Gebißwirkung überrascht. Die üblichen Wassertrensen sind aus verchromten Eisen, es gibt sie jedoch auch aus Gummi. Man kann auch eine Kupferrolle einarbeiten, die das Pferd animiert, mit dem Gebiß zu spielen und es mit der Zunge gegen den Gaumen zu drücken.

Glockenförmige Manschetten schützen die vorderen Kronen dieses American Saddlebred Horses vor Verletzungen durch die stark untertretende Hinterhand

Glocken: Glockenförmige Gummimanschetten um die Fesseln der Pferde, damit sie sich die Krone nicht verletzen. Oft werden jedoch auch mehrere Glocken übereinandergelegt bzw. ein Gewicht dazugeschnallt, damit das Pferd die Beine besser hebt.

Gurtentiefe: Großer Brustumfang, der auf gut entwickelte Organe im Brustraum schließen läßt.

Halsung: Bau des Halses, ein kurzer oder tief angesetzter Hals erschwert das Dressurreiten.

Herdbuch: Zuchtbuch, in dem alle anerkannten Tiere einer Rasse eingetragen werden, in der Regel auf eine bestimmte Region beschränkt. Bei Pferden ist das Herdbuch gleichbedeutend mit dem →Stutbuch.

Hilfen: Gezielte, abgestimmte Einwirkung des Reiters durch Gewicht, Kreuz, Schenkel, Zügel und Stimme. Z.B. Hilfen zum Antraben aus dem Schritt oder wieder Durchparieren zum Schritt usw.

Huachano: (span.) Gleichbedeutend mit →Ambladura oder →Paß.

Isländer: Pferderasse von der Insel Island, die auf das Keltenpony zurückgeht. Sehr robuste Pferde mit 1,21 bis 1,34 m Stockmaß, sie gehen neben Schritt, Trab und Galopp auch Tölt und teilweise Paß.

Isländersattel: →Sattel.

Isländische Kandare: →Gebiß.

Kaliber: Verhältnis von Gewicht zur Widerristhöhe, folglich hat bei gleich großen Pferden das schwerere Tier auch das größere Kaliber.

Kandare: →Gebiß.

Ketten: Metallketten werden amerikanischen Gangpferden manchmal um die Fesseln gelegt, damit sie wegen des zusätzlichen Gewichtes die Beine höher heben.

Körung: Damit Hengste zur Zucht zugelassen wurden, mußten sie bisher rassetypisches Exterieur und gute Deckeigenschaften aufweisen sowie eine sogenannte Hengstleistungsprüfung absolvieren. Nur die besten Hengste wurden gekört, das bedeutet, sie hatten die staatliche Prüfung bestanden und durften nun decken. 1989 wurde die staatliche Körung in der BRD gemäß EG-Richtlinien abgeschafft (→Zuchtreife).

Kruppe: Pferderücken zwischen Kreuz und Schweifwurzel, ideal ist eine kräftig bemuskelte, nur leicht schräg abfallende Kruppe. Sie verspricht eine hohe Trag- und Schubkraft in der Bewegung.
Eine abgeschlagene Kruppe fällt rechts steil nach hinten ab, die Tragkraft überwiegt die Schubkraft. Bei

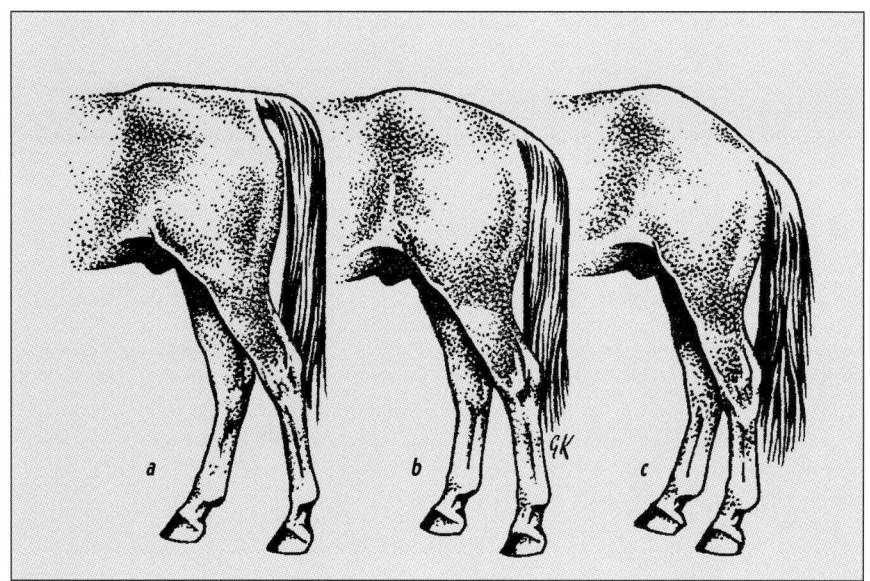

Kruppe:
a) gerade Kruppe,
b) leicht abschüssige Kruppe
c) stark abschüssige bzw.
abgeschlagene Kruppe

der überbauten Kruppe ist die Kruppe höher als der Widerrist. Eine gerade Kruppe fällt kaum nach hinten ab, die Schubkraft ist stärker als die Tragkraft. Eine runde Kruppe ist gut bemuskelt.

Kuhhessig: X-Beinstellung des Pferdes durch engstehende Fußgelenke, wie Kühe sie nicht selten haben.

Lateralgänge: Eine etwas unglücklich gewählte Sammelbezeichnung für Paß und Tölt. Der Paß ist ein Lateralgang, der Tölt wechselt zwischen lateralen und diagonalen Fußungen ab, ist damit ein Mischgang genauso wie der Schritt.

Longieren: Teil der Ausbildung des Pferdes. An der langen Leine lernt das Pferd Gehorsam und Kommandos, kann korrigiert und gymnastiziert werden. Dazu wird es gezäumt und gesattelt. Ausbindezügel oder Schlaufzügel werden zwischen Trensenring und Sattelgurt verschnallt und ersetzen die Anlehnung des Pferdes an die Reiterhand. Am Kappzaun (gebißlose Zäumung) be-

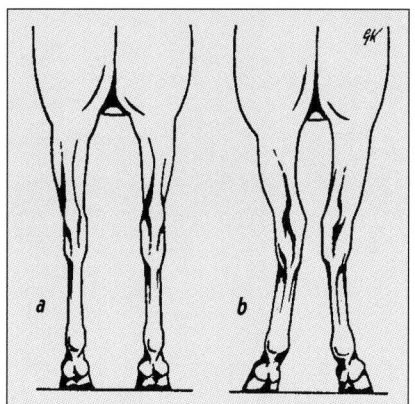

Stellung der Hinter-
gliedmaße:
a) gerade,
b) kuhhessig

festigt man die meist 7 m lange Longe. Mit Hilfe der langen Longierpeitsche und Stimmkommandos bewegt der Ausbilder das Pferd im Kreis. Junge Pferde kann man so an Zaumzeug, Sattel und Reiter gewöhnen, Reitanfänger können sich so auf den Sitz konzentrieren, während das Pferd wie von alleine läuft.

Lope: Westernreit-Version des Galopp: gleichmäßig, ruhig, in mittlerem Tempo und bequem zu sitzen.

Madrino: (span.: Pate) Ausbilder junger Pferde.

Brasiliens Nationalpferd:
der Mangalarga Marchador

Mangalarga Marchador: Töltrasse aus Brasilien, Stockmaß 1,40 bis 1,57 m, die neben Schritt und Galopp die typischen Gänge →Marcha Picada (Tölt) und →Marcha Batida (Trabtölt) zeigt.

Marcha: (portug.) Brasilianischer Ausdruck für Tölt.

Marcha Batida: Gang des →Mangalarga Marchador, entspricht in der Fußung weitgehend dem →Trabtölt.

Marcha Picada: Gang des →Mangalarga Marchador, entspricht in der Fußung weitgehend dem →Tölt.

MFTHBA: Missouri Fox Trotting Horse Breed Associations.

Missouri Foxtrotting Horse: Amerikanische Pferderasse, die neben Schritt und Canter einen sehr bequemen Trabtölt, den Foxtrott, geht.

Naturtölter: Starke Töltveranlagung, schon die Fohlen tölten und ziehen diese Gangart immer dem Trab vor. Ideale Töltpferde, im Gegensatz zu den →Trabern.

NHSRC: National Horse Show Regulatory Committee.

NSSHA: National Spotted Saddle Horse Association.

Österreichischer Foxtrotter: Zur Rasse anerkannte Kreuzung aus →Missouri Foxtrotting Horse und →American Standardbred, die bisher nur im Raum Linz gezüchtet wird.

Overo: Rezessiv vererbte Scheckung, bei der die Weißzeichnung vom Bauch aus die Seiten hochsteigt, der Rücken und mindestens ein Bein bleiben farbig. Der Kopf hat eine breite Blesse oder ist ganz weiß, das Langhaar ist meist dunkel.

Pacer: (engl.) Pferde, die Paßrennen gehen.

Paddeln: →Bügeln

Paddock: (engl.) Kleiner Auslauf, den das Pferd meist unmittelbar vom Stall aus betreten kann.

Pads: Einlagen, die zwischen Huf und Eisen geschoben werden. Diese Lederplatten wiegen um die 200 g und sollen bei Pferden mit besonders hoher Aktion als Stoßdämpfer wirken. Sie werden aber auch als Gewicht benutzt.

Parktrott: Ein stark versammelter Trab mit hoher Aufrichtung des Pferdes und sehr stark akzentuierten Bewegungen, →American Saddlebred Horses zeigen Parktrott in Dreigang- und Wagenprüfungen.

Partbred: (engl.) Mischlinge, hier zwischen →Paso Peruano und Pony, zu unterscheiden von Halfbred, einer Warmblut-Vollblut-Kreuzung.

Pasitrote: (span.) →Trabtölt.

Paso: (span.) Bezeichnung für Paßpferde, für Tölt bzw. die Töltrassen.

Paso Corto: Gang des →Paso Fino, Tölt im mittleren Arbeitstempo, sehr geeignet für lange Ritte im Gelände.

Paso Fino: Südamerikanische Pferderasse, Stockmaß 1,40 bis 1,57 m, mit den Gangarten: Schritt, Galopp und wahlweise Fino (Tölt), Trocha (Trabtölt), Trote (gebrochener Trab).

Paso Llano: Gang des Peruanischen Paso, Tölt in mäßigem Tempo und natürlicher Versammlung (→Paso Peruano).

Paso Largo: Gang des →Paso Fino, schneller Tölt mit mehr Raumgriff als im Arbeitstölt.

Paso Peruano: Peruanische Töltrasse, Stockmaß 1,43 bis 1,55 m, die in ihrer Heimat ausschließlich →Paso Llano bzw. Paso →Sobreandando geritten wird. Typisch ist der →Termino: Bei jedem Schritt beschreibt die Vorhand einen Halbkreis nach außen.
Freizeitpferde lernen zusätzlich zum Tölt Schritt, Trab und Galopp.

Paß: Schaukelnder „Kamelgang": Die Pferde springen von einem lateralen Beinpaar auf das andere.

Paßtölt: Töltvariante, bei der die lateralen Fußungsphasen betont, also länger sind (→Marcha Batida, →Sobreandando).

Paso Peruano mit landestypischer Zäumung

Pelham: →Gebiß.

Peruanischer Paso: →Paso Peruano.

Pinto: Sammelbegriff amerikanischer Pferde unterschiedlicher Rassen, die aber aufgrund ihrer Scheckung zusammen in einem eigenen Stutbuch geführt werden. Mittlerweile sind Pintos auch in Europa als Rasse anerkannt.

Pleasure Typ: In den USA, aber auch beim südamerikanischen →Paso Fino, unterscheidet man die professionellen Showpferde von den Freizeitpferden, den Pleasure Horses.

Quarter Horse: In den USA und Kanada beheimatetes Westernpferd, das sich sowohl bei der Herdenarbeit als auch durch Schnelligkeit auszeichnet.

Rack: (engl.) Bezeichnung für Tölt.

Racking Horse: Amerikanischer Oberbegriff für alle Tölter, aber auch Name einer neuen Töltrasse.

RHBA: Racking Horse Breeders Association.

Rahmen: Die Proportionen des Pferdekörpers bilden den Gesamteindruck oder Rahmen des Pferdes. Viel Rahmen bedeutet harmonische, viel Leistung versprechende Proportionen.

Ramsnase

Ramsnase: Pferde mit Ramskopf haben eine konvex, also nach außen gebogene Nasenlinie. Der Name kommt aus dem Englischen: ram = Schafbock.

Rückenlinie, eingesattelte: Gute Sattellage.

Running Walk: Schritt, bei dem die Hinterbeine so weit nach vorne greifen, daß ihre Hufabdrücke oft vor den Abdrücken der Vorderbeine liegen. Eine der angenehmsten Gangarten überhaupt. Das Walktempo kann von den normalen 12 km/h auf über 32 km/h gesteigert werden.

Saddle Gait: Weiche Gangart des →Spotted Saddle Horse, das kann ein Tölt, Paßtölt, Walk oder Foxtrott sein.

Sattel: *Flachsattel:* Typischer Flachsattel ist der amerikanische Foxlane. Er ist flach gepolstert (Spitzname

„Pfannkuchen") und wird oft ohne Satteldecke geritten. Er wurde für Pferde mit hohem Widerrist entwickelt, also für American Saddlebred Horses und Tennessee Walking Horses. Der Reiter sitzt entsprechend weit hinten. Der Sattel hat fast keine Pauschen und läßt damit die Schulter des Pferdes frei.

Töltsattel (a): Den Töltsattel schlechthin gibt es nicht. Für Isländer wurde eigens der Islandsattel entwickelt, eine Kombination aus Dressur- und Vielseitigkeitssattel. Der Tiefpunkt liegt etwas weiter hinten als bei den genannten Sätteln, so daß der Schwerpunkt des Reiters ebenfalls etwas nach hinten verschoben wird. Dadurch entlastet man die Vorderhand des Pferdes. Für die anderen Töltrassen verwendet man häufig Westernsättel. Wichtig ist, daß der Reiter tief und relativ weit hinten sitzen kann.

Westernsattel (b): Der Westernsattel entstand aus dem spanischen Sattel, den die Eroberer im 16. Jahrhundert mit nach Lateinamerika nahmen. Er hat wie die alten Militärsättel noch lange Trachten, das sind langgestreckte Auflageflächen seitlich von der Pferdewirbelsäule. Dadurch verteilt sich das Reitergewicht auf eine große Fläche und schont den Pferderücken. Der Sattel ist vorne und hinten weit nach oben gezogen, hat also einen hohen Vorder- und Hinterzwiesel. Der Westernsattel ist relativ schwer und wird oft mit 2 Bauchgurten befestigt. Der Reiter sitzt bequem und tief, zum Leichttraben oder Springen ist der Sattel nicht gedacht. Dafür eignet er sich

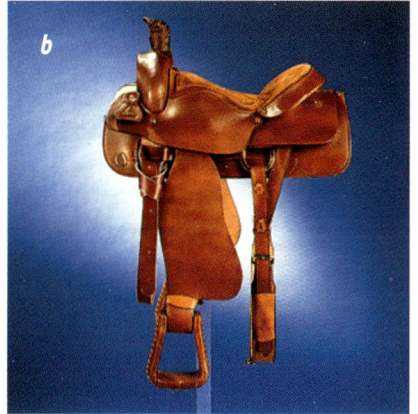

gut zum Tölten, da seine große Sitzfläche den legeren Töltsitz zuläßt. Allerdings sollte man sich beraten lassen, welcher Westernsattel-Typ zu welchem Gangpferd paßt.

Schritt: Langsamster Pferdegang, die Beine setzen einzeln im Viertakt auf: hinten rechts, vorne rechts, hinten links, vorne links.

Selektion: Auswahl derjenigen Tiere für die Zucht, die ein bestimmtes Merkmal aufweisen oder vererben. Die Selektion ist damit die Voraussetzung, um ein bestimmtes Zuchtziel zu verwirklichen.

Showpferd: In den USA speziell und ausschließlich für Pferdeshows ausgebildete Pferde. In den normalen Reitbetrieb kommen sie genausowenig wie Zirkuspferde.

Slow Gait: Gang des →American Saddlebred Horse, langsamer Tölt in höchster Versammlung.

Slow Rack: Gang des →Racking Horse, langsamer Tölt mit weniger Aktion als beim →Slow Gait des American Saddlebred Horse.

Sobreandando: Gang des →Paso Peruano, Paßtölt, meist im verstärkten Tempo geritten.

Spanische Schule: Klassische Reitausbildung, die auf das 16. Jahrhundert zurückgeht. Das Pferd wird 8 bis 10 Jahre lang gymnastiziert und ausgebildet, bis es die Hohe Schule beherrscht. Wegen ihrer außerordentlichen Begabung verwandte man für diese Dressur meist spanische Pferde, daher der Name Spanische Schule.

Spotted Saddle Horse: Kreuzung aus →Tennessee Walking Horse und Schecken anderer Rassen (→Pinto).

Stepping Pace: Gang des →Tennessee Walker, ein Paß ohne Schwebephase, der angenehm zu sitzen ist.

Stockmaß: Mit einem Stock mißt man die Höhe vom Boden bis zum Widerrist eines Pferdes.

Stutbuch: Im Stutbuch werden alle Fohlen einer Rasse eingetragen.
Offenes Stutbuch: Will man eine neue Rasse züchten, eröffnet man ein Stutbuch und nimmt alle Pferde auf, die dem Zuchtziel entsprechen. Hat man genügend Tiere beisammen, schließt man das Stutbuch.
Geschlossenes Stutbuch: Nur die Nachkommen der im Stutbuch stehenden Stuten werden eingetragen.

Sulky: Leichter, zweirädriger Wagen für Trabrennen.

Tennessee-Walking-Horse-Fohlen

Tennessee Walking Horse: Amerikanische Pferderasse, Stockmaß 1,40 bis 1,62 m, die neben →Canter den namengebenden →Walk geht: →Flat Foot Walk und →Running Walk.

Termino: Ungewöhnlich ausgeprägte seitlich auswärts-vorwärts Bewegung der Vorhand beim →Paso Peruano. Sie soll aus der Schulter kommen, ist also nicht mit dem „Paddeln" oder →„Bügeln" zu verwechseln.

Threegaited: Untergruppe des →American Saddlebred Horse, das Dreigangpferd zeigt Schritt, Trab und Galopp wie die meisten europäischen Reitpferde.

Tobero: Pferde, die gleichermaßen die →Tobiano- wie auch die →Overo-Scheckungs-Anlage besitzen.

Tobiano: Dominant vererbte Schekkung, bei der das Weiß vom Rücken ausgeht oder zumindest die Scheckung kreuzt. Die Beine sind immer halb oder ganz gestiefelt. Der Kopf bleibt dunkel, kann aber eine kleine Blesse haben. Mähne und Schweif sind meist zweifarbig. Die Tobianoscheckung ist bei europäischen Pferden weit häufiger verbreitet als die →Overoscheckung.

Tölt: Name eines Isländerganges in mittlerem bis Renntempo, bei dem immer ein Bein am Boden bleibt, so daß der Reiter nicht geworfen wird. Oberbegriff für vergleichbare Gangarten anderer Rassen wie →Marcha Picada, →Paso Fino, →Paso Llano oder →Rack.

Töltende Traber: Einige Trabrennpferde zeigen Töltveranlagung bzw. können Tölt erlernen und so vom trabenden Rennpferd zum töltenden Freizeitpferd umschulen. Bisher sind sie noch nicht als eigene Töltrasse anerkannt.

Töltsattel: →Sattel.

Trab: Im Trab springt das Pferd von dem einen diagonalen Beinpaar auf das andere, von hinten links und vorne rechts auf vorne links und hinten rechts.

Traber: Rennpferde, die vor dem →Sulky traben, heißen Traber. In der Töltszene meint man jedoch die Individuen einer Töltrasse, die den Tölt nicht lernen bzw. den Trab dem Tölt vorziehen.

Trabtölt: Töltvariante, bei der die diagonalen Fußungsphasen betont, also länger sind (→Trocha).

Trailpferd: Westernpferde, die auf sogenannten Trailprüfungen ihre Zuverlässigkeit und Geschicklichkeit im Gelände demonstrieren. Die Prüfungsabschnitte und Hindernisse wie Brücken, Tor, Wassergraben ahmen den Alltag eines Ranchpferdes nach. Trailpferde sind ideale Partner zum Wanderreiten.

Trense: →Gebiß.

Trocha: (span.) Gang des →Paso Fino, Trabtölt, zeigen nicht alle Pferde.

Trocken: Pferdekopf oder -gelenke nennt man trocken, wenn sie ein bißchen wie „eingetrocknet" aussehen, also weder überflüssiges Fett noch viel Muskulatur zeigen.

Trote: (span.) In Südamerika gleichbedeutend mit Trab, bei →Paso Finos auch die Bezeichnung für den gebrochenen Trab.

Valhopp: (isländ.) Bezeichnet eine Schonvariante des Galopp: Vorne springt das Pferd, hinten läuft es jedoch wie im Trab weiter. Der Valhopp wird bei den Isländern auf Island toleriert, auf dem europäischen Festland ist er nicht erwünscht. Natürlich wird jedes müde oder beinkranke Pferd versuchen, den Galopp zu laufen, das ist keine Rassebesonderheit.

Vollblut: Entstanden aus Kreuzungen zwischen Arabern und westlichen Pferden durch konsequente, strenge Zucht. Vollblüter sind leicht gebaut, schnell und sehr sensibel. Rennpferde beispielsweise sind typische Vollblüter. Man unterscheidet arabisches, englisches sowie englisch-arabisches Vollblut. Vollblüter verwendet man, um andere Rassen zu veredeln. Hat ein Warmblüter viel Vollblutanteil, sagt man dazu auch, er steht hoch im Blut.

Walk: Der Walk hat die gleiche Fußfolge wie der Schritt, jedoch Trabtempo. Im Gegensatz zum klassischen Tölt zeigt ein Walker keine Einbeinstütze, sondern wechselt zwischen Zwei- sowie Dreibein-Stützen.

Walkaloosa: Anerkannte Kreuzung zwischen Tennessee Walker und Appaloosa.

Warmblut: Alle Pferde, die weder Kaltblut, Pony oder Vollblut sind, zählen zu den Warmblütern. Dazu zählen die meisten Reit- und viele Wagenpferde, die allesamt aus regionalen Landschlägen und Vollblütern gezüchtet wurden.

Westernsattel: →Sattel.

Zelter: Bezeichnung aus dem Mittelalter für tölt- und paßgehende Pferde.

Zuchtreife: Obwohl Pferde meist während des 2. Lebensjahres geschlechtsreif werden, sind sie noch zu jung für die Zucht. Erst wenn sie zuchtreif sind, also frühestens mit 3 bis 4 Jahren, kann man Pferde zur Zucht einsetzen. Stuten sind dann körperlich so weit entwickelt, daß eine Trächtigkeit den normalen Verlauf nimmt. Hengste sollten erst eine der früheren Körung entsprechende Leistungsprüfung absolvieren, bevor sie in Deckeinsatz kommen.

Adressen

Aegidienberger
Gangpferdezentrum Aegidienberg
Peter-Staffel-Straße 13
53604 Bad Honnef
02224/89637

American Saddlebred Horse
American Saddlebred Horse
Association of Europe e.V.
Staffelsgasse 25
53347 Alfter
0228/9860000

Gestüt „RACK ON"
Sabine und Joachim Jäckle
Im Stock 11
88605 Meßkirch
07570/565

Amerikanische Gangpferde
North American Single Footing
Horse Association (NASHA)
P.O. Box 1079
Three Forks MT 59752
USA

Isländer
Islandpferde Reiter- und Züchterverband
Lohrbergstraße 15a
53604 Bad Honnef
02224/8764

Mangalarga Marchador
Susanne Güldenpfennig
Baurat-Sommer-Straße 5
31785 Hameln
05151/24839

Mangalarga-Marchador
Vereinigung e.V.
Ellringen Nr. 16
21368 Dahlenburg
05851/420

Club Marchador
Ramón Cos
Winterweyhe 1
29465 Schnega
05845/1366 oder 1365

Missouri Foxtrotting Horse
Günter Littwins
Weißbirkenweg 8b
41569 Rommerskirchen
02183/8060

Missouri Fox Trotting Horse
Breed Association
P. O. Box 1027
Ava, Missouri 65608 USA

Österreichische Foxtrotter
Familie Igmann
Altlichtenberg 175
A-4040 Linz
0043/7239/5413

Pasos
Paso Club International
Postfach 273
CH-6340 Baar
0041/42/333444

Paso Fino
Paso Fino Horse
Association Europe e.V.
Gottbillstraße 34 B
54294 Trier
0651/820893

Andrea Jänisch
Domäne
Briedeler Heck
56850 Enkirch
Telefon: 06543/6503

Peruanischer Paso
Peruanische Paso Vereinigung
Deutschland (PPV)
Dagmar Martin
35447 Reiskirchen-Hattenrod
06408/64886

Dr. Kai Otte
Oberadlhof 1
92287 Schmidmühlen
09474/1213

Racking Horse
Ron Powell
Birkenstraße 2
66882 Spesbach
06372/61604 oder 06371/16335

Christina Kramer
Ortsstraße 6
65510 Idstein
06127/7499
Fax: 06127/79238

RHBA
RHBAA, Rt. 2, Box 72A,
Decatur, AL 35603
(205)681/2549

Spotted Saddle Horse
Gestüt „RACK ON"
Sabine und Joachim Jäckle
Im Stock 11
88605 Meßkirch
07570/565

Birgit Dresel
Im Krain 27
67681 Wartenberg
06302/4556

Tennessee Walker
European Tennessee Walking Horse
Association e.V. (ETWHA)
Niederlande: Suyin Oldenburg
Rieterweg 39
NL-5823 HJ Maashees

Deutschland: Hans Jork
Alemannenstraße 3-6
88316 Isny/Allgäu
07562/633

International Plantation Walking
Horse Association
Doris Schunk
Schönkamp
23617 Stockelsdorf (Curau)
04505/1026

Ron Powell
Birkenstraße 2
66882 Spesbach
06372/61604 oder 06371/16335

Tennessee Walking Horse Verband
International e.V.
Christina Kramer
Ortsstraße 6
65510 Idstein
06127/7499
Fax: 06127/ 79238

Töltende Traber
Interessengemeinschaft Töltende
Traber
Dorstener Postweg 5
46325 Borken
02865/6405

REGISTER

Die neue FALKEN Ratgeberreihe für den Reiter erscheint unter der Herausgeberschaft von Olympia- und Weltcupsieger Ludger Beerbaum. Fachwissen für alle Reiter und Pferdefreunde in ausführlicher und exzellenter Form aufbereitet.
Die Reihe wird fortgesetzt.

Zum gleichen Themenbereich sind im FALKEN Verlag bereits erschienen:
Pferde (Nr.: 4186)
Reiten im Bild (Nr.: 0415)
Reiten (Nr.: 2322)

Die Deutsche Bibliothek – CIP-Einheitsaufnahme

Jung, Hildegard:
Reiten auf Gangpferden : Isländer, Pasos, Saddlebred Horses und andere Freizeitpferde / Hildegard Jung. – Niedernhausen/Ts. : FALKEN, 1994
    ISBN 3-8068-4716-9

ISBN 3 8068 4716 9

Umschlaggestaltung: Peter Udo Pinzer
Gestaltung: SISTERS, Offenbach
Redaktion: Monika Zilliken
Herstellung: Josef Jung
Titelbild: Okapia, Frankfurt: /Dr. Eckart Pott
Textbeitrag S. 25: FALKEN Redaktion
Die Ratschläge in diesem Buch sind von der Autorin und vom Verlag sorgfältig erwogen und geprüft, dennoch kann eine Garantie nicht übernommen werden. Eine Haftung der Autorin bzw. des Verlags und seiner Beauftragten für Personen-, Sach- und Vermögensschäden ist ausgeschlossen.
Satz: FALKEN Verlag, Niedernhausen
Druck: Appl, Wemding

817 2635 4453 6271

Bildquellennachweis:

Fotos: A. Schuhmacher, München
außer:
Bildarchiv Ibis, Bergisch Gladbach/ Delfan: S. 9 , 19, 22, 24, 30, 33, 38, 42, 57 o., 63, 72/73, 75, 112, 118;
H.D. Dossenbach: S. 110/111;
G. Boiselle: S. 16/17; Wisniewski: S. 28/29
Branka Demsar: S. 59
Edition Boiselle, Speyer: S. 6/7
Elias: S. 48 li.
Gong-Verlag; München: S. 92
Historia-Photo, Hamburg: S. 18
IFA-Bilderdienst, Taufkirchen/Endler: S. 102/103; F. Prenzel: S. 40/41, 98/99
A. Jänisch: S. 124
Terry Jones, Red Lodge USA: S.5 re. o., 100/101
Krämer Pferdesport, Hockenheim: S. 114 o., 115, 120, 121
S. Küpper, Dortmund: S. 25, 51, 56, 66, 68, 119
Lothar Lenz, Cochem: S. 54/55
Okapia, Frankfurt/E.Weiland: S. 44/45, 49 o., 105, 114 u.
Ron Powell Stables, Spesbach: S. 85;
H. Twitty: S. 122
H. Raak: S. 104, 107
Guido Recki, Essen: S. 90, 91, 116
Schmitt: S. 34, 35
Tschümperlin, Schweiz: S. 50
Vierhaus: S. 21, 43
Vigil, G. P.: S. 46 o.;
Alle Schrittdiagramme und Phasenzeichnungen:
A. Schuhmacher, München
Weitere Zeichnungen:
G. Kapitzke, Hannover: S. 23, 113, 117, 120
G. Scholz, Dornburg: S. 89

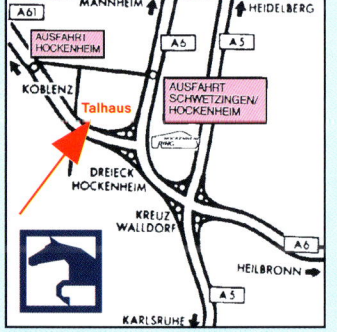